MURALHAS PARA JERUSALÉM

קירות לירושלים

Dulce Martins

<u>DEDICATÓRIA</u>

Ao meu marido, Dinho, com todo meu amor,
carinho e apreço.

AGRADECIMENTOS

Agradecimentos especiais ao meu esposo,
Jose V. Neto e minha sobrinha, Kim
Orlandini.

ÍNDICE

☆ DEDICATÓRIA..............................3

☆ AGRADECIMENTOS...................….....4

☆ INTRODUÇÃO..........................…..........7

CAPÍTULOS   PÁGINA

1– AZAREEL EM JERUSALÉM...............11
2 – O ENCONTRO......................…..............30
3 – O CONFRONTO..............................62
4 - JANIR NUMA DIFÍCIL SITUAÇÃO.......73
5 – O ESCRIBA..............................….........86
6 – CONSPIRAÇÃO CONTRA JANIR.....107
7 – ENAMORADOS...............................113
8 – BINUI E SEU SEGREDO.................120
9 – LEMBRANÇAS DOLORIDAS...........140
10 – CASAMENTO DO GAZÃO...............146
11 – SIMEIA E O MENDIGO....................156
12 – FESTIVAL DA COLHEITA...............166
13 – O BEIJO E A MORTE....................183

14 – DEPOIS DO ENTERRO...................196

15 – DIFICULDADES EM JERUSALÉM...207

16 – O NASCIMENTO DE ELÃO.............220

17 – JANIR E SUA MÃE.........................242

18 – A VERDADE SOBRE MIRIAM.........254

19 – O ÁRABE......................................279

20 – O AMOR DE BANI..........................299

☆ SOBRE CIRO, "O GRANDE"............. 309

☆ A MINHA INSPIRACÃO.......................313

☆ FONTES DE REFERÊNCIA.......……..326

☆ CONTATO/COMENTÁRIOS/

PEDIDOS............................……….327

INTRODUÇÃO

Esta é a estória de Azareel e Janir que provavelmente aconteceu num período muito peculiar da história do povo judeu.

Após setenta anos de escravidão na Babilônia, o povo judeu foi convidado por Ciro, "O Grande," então rei da Pérsia, a voltar para sua terra natal, para Judá, mais especificamente, Jerusalém.

Sendo Ciro um rei benevolente e justo, coisa não muito comum naquela época, não só permitiu que retornassem, mas que reconstruíssem a cidade, reerguessem as muralhas para Jerusalém e, melhor que tudo isso, que eles reedificassem o Templo de Salomão, que havia sido saqueado e deixado em ruínas pelo rei Nabucodonosor, da Babilônia.

É uma estória que tenta ilustrar as dificuldades encontradas pelo povo judeu nesse retorno e empreendimento. Os problemas políticos, sociais, emocionais e espirituais foram intensos. Não era só a cidade de Jerusalém que ficara em ruínas, mas também a alma do povo judeu, a qual fora quebrantada ao longo dos anos de cativeiro, experimentando assim uma certa decadência.

Muitos haviam nascido durante esse período na Babilônia e expostos a culturas adversas, com seus costumes, tradições e deuses.

Reeducar e redirecionar o povo judeu de volta ao seu caminho, com os convênios e as ordenanças do Templo, por certo, não foi uma tarefa fácil.

Esdras e Neemias e muitos outros homens valorosos foram incansáveis nessa batalha, não só na reconstrução da cidade, mas também na reconstituição do caráter e responsabilidade da nação israelita perante o Deus de Israel.

Obviamente, difíceis decisões tiveram que ser tomadas. Uma delas foi que os homens judeus que estivessem casados ou envolvidos com mulheres 'estrangeiras' (que não tivessem sido convertidas ao Deus de Israel) deveriam abandoná-las juntamente com os seus filhos, ainda correndo o risco de perderem tudo o que tinham em termos de propriedades, bens e outros privilégios.

É nesse cenário que o amor entre Azareel e Janir nasce: um sentimento poderoso que enfrenta um grande conflito entre os desejos do coração e as demandas totalmente opostas de suas crenças. **JANIR**, criada dentro dos costumes dos adoradores de Baal. **AZAREEL**, um cidadão judeu com a responsabilidade de ajudar um povo que sofreu os horrores da guerra e da escravidão.

Esta é uma estória simples, uma ficção baseada em fatos históricos, sobre pessoas comuns, vivendo num período extraordinário e muito pouco mencionado quando se trata da história dos judeus.

CAPÍTULO 1
AZAREEL EM JERUSALÉM

No século VI A.C., quando os persas tomaram a Babilônia, herdaram tudo o que os babilônios haviam conquistado anteriormente; e isso incluía Jerusalém, Samaria e arredores.

O rei Ciro, envaidecido pelo fato de que seu nome havia sido mencionado nos registros dos judeus com uma profecia de que ele seria o rei que derrubaria a Babilônia e que permitiria a volta do povo judeu para sua terra natal, decidiu então que seria isso exatamente o que ele faria.

Ainda sob sua monarquia, o povo judeu poderia voltar, reconstruir a cidade, suas muralhas, mas melhor que tudo e mais importante ainda, reedificar o amado Templo de Salomão, ao qual por setenta anos este povo sofrido olhava em sua direção, com os olhos marejados de lágrimas, ao proferir suas orações.

Durante todos aqueles anos em que haviam sido separados da sua terra, tiveram que, em muitas ocasiões, esconder seu amor e devoção ao seu Deus, e se subjugar à condição de escravos e aos diferentes costumes e às tradições dos seus conquistadores.

Esse foi um empreendimento absolutamente gigantesco. Não era só voltar, ocupar a terra, e recomeçar. Era como sair do Egito de novo, peregrinar no deserto, enfrentar perigos, oposição, inimigos, e mais difícil ainda do que passar fome e depender do maná de cada dia, era a fome da palavra de Deus e das leis que os delineavam como um povo peculiar e escolhido pelo Deus de Israel para representá-lo.

E tudo começa com o precioso decreto:

"Assim diz Ciro, o rei da Pérsia: O Senhor Deus dos céus me deu todos os reinos da terra, e me encarregou de lhe edificar uma casa em Jerusalém, que está em Judá.

Quem há entre vós de todo o seu povo, seja

seu Deus com ele, e suba à Jerusalém, em Judá, e edifique a casa do Senhor Deus de Israel que está em Jerusalém (Ele é Deus.) Em todo lugar em que andar peregrinando, os homens do seu lugar o ajudarão com prata, com ouro, com bens, e com gados, além das dádivas voluntárias para a casa do Deus que está em Jerusalém."

Ordenou também Ciro que todos os utensílios da casa do Senhor que Nabucodonosor tinha trazido de Jerusalém e que tinham sido postos na casa de seus deuses fossem de lá retirados pelas mãos de Mitredate, seu tesoureiro, que os entregou contados a Sesbazar, príncipe de Judá.

Uma proclamação como esta definitivamente foi recebida com grande júbilo pelos judeus, que até então, por setenta anos, só haviam conhecido o cativeiro, perdido sua herança, mas não sua identidade. Um povo que teve seus bens mais preciosos saqueados e sua liberdade destituída pelo violento ataque dos babilônios.

Sem dúvida aquele foi um momento de triunfo. Era como se o Deus de Israel finalmente tivesse se lembrado deles e perdoado seus muitos erros. Era hora de voltar para casa!

Talvez o que menos passava por suas mentes, ou os preocupava, era o fato de que durante esses setenta anos muitas coisas haviam acontecido por aqueles lados. Que a terra a que tanto sonhavam voltar não estava vazia, esperando por eles. Outros povos, com costumes diferentes e crenças estranhas agora chamavam Jerusalém seu lar! O tempo lhes dera posse da terra; para os judeus a história não tinha poder algum sobre o que eles consideravam ser deles naquele ponto.

Mas o povo judeu não estava preocupado com isso, o mais importante naquele momento era fazer as malas, decidir o que levar e o que deixar; mas acima de tudo, o projeto maior de todos, a reconstrução do

Templo. Com total aprovação de Ciro, algo tão impressionante, que um rei deixava ir sua conquista, e além de tudo, ordenando que o povo se mobilizasse e ajudasse, doando ouro, prata e tudo o que pudesse ajudar aquelas pessoas no seu caminho de volta.

Com certeza foi um dos mais magníficos momentos da história da humanidade: um rei pagão entende, aceita e se curva diante do Deus de Israel!

Quando a população local em Jerusalém, Samaria e seus arredores, ouviu sobre esta proclamação do rei Ciro, muitos homens que habitavam naquela região já há muito tempo, imaginaram que poderiam se agregar a este empreendimento alegando terem raízes israelitas, as quais lhes permitiriam fazer parte dessa reconstrução.

Porém, Zorobabel, um príncipe judeu, um dos encarregados deste projeto, respondeu com um definitivo "*Não*" a esses homens, alegando que a reconstrução, principalmente do Templo, seria feita somente por aqueles a quem o rei Ciro havia designado.

Isto os deixou furiosos. Muitos deles alegavam ser descendentes das 10 tribos de Israel: Uns poucos que foram permitidos permanecer na terra, mesmo depois do ataque maciço dos Assírios ao reino do norte, 100 anos antes de os babilônios terem atacado Jerusalém. (O reino do sul.)

O cumprimento das leis e convênios estabelecidos para aquela nação, desde Moises até aquele ponto, seria a base principal para qualquer sucesso que eles eventualmente teriam nessa volta, fosse como Estado, povo, comunidade ou filhos de Deus.

Na história se encontrava a prova de que quando eram fiéis aos convênios, estatutos e ordenanças, prosperavam - eram fortes e protegidos; venceram guerras que de outra maneira não teriam vencido se não tivessem recebido intervenção divina. Era um fato que aquela nação tinha uma Mão Forte e

Poderosa segurando os fios da sua existência e da sua continuidade.

Mas agora uma nova era começava, mesmo a despeito das dificuldades, que eram muitas. O Templo fora reconstruído, a cidade retomava sua forma, e apesar do antagonismo contra a presença dos judeus reocupando a terra, os trabalhos seguiam em frente nas muralhas para Jerusalém.

É exatamente nesse cenário que a estória de Azareel e Janir começa a se desenrolar.

Azareel, um judeu, nos seus vinte e poucos anos, estava voltando para casa depois de um intenso e longo dia de trabalho, cuidando de suas ovelhas e também da reconstrução das muralhas.

Já era quase noite quando resolveu passar no mercado para comprar algumas frutas.

Resquícios do sol da tarde ainda se viam no horizonte. Seu amigo Binui tinha um pequeno mas próspero comércio de frutas e legumes no mercado. Gostavam de conversar quando se encontravam e o assunto predileto era as artimanhas que geralmente eram criadas pelos samaritanos para atrasar, ou até mesmo parar a reconstrução. Eles mais do que ninguém queriam os judeus fora daquele lugar. Mas as armadilhas eram descobertas e desfeitas. Uma disputa incansável de ambas as partes por cada grão de areia. Era portanto inevitável não se falar a respeito disso. Após passar um tempo com Binui, resolveu ir para casa.

Azareel era um rapaz forte, alto, inteligente e perspicaz. Tinha uma disposição afável. Era, acima de tudo, corajoso - uma característica impressionante dele. Na reconstrução era sempre colocado nas áreas mais perigosas e consideradas mais frágeis, sujeitas a ataques. Ele reagia prontamente diante do perigo; era como se sua mente estivesse sempre de prontidão e, no momento em que uma reação rápida se fizesse necessária, lá estava ele pronto para reagir e vencer. Todos os que trabalhavam com ele se sentiam confiantes. Era inspirador, mas também era otimista e vivia um dia de cada vez.

No caminho de casa observou a lua que estava esplêndida naquela noite, era lua cheia e com sua luz forte iluminava todo o caminho. Tudo ficava mais lindo debaixo daquela luz, que juntamente com o ar fresco da noite tornava tudo perfeito.

Ele estava indo para casa, mas iria estar sozinho; ninguém o esperava. Tinha perdido os únicos familiares que possuía. Quando ainda criança viera para Jerusalém com seu pai, sua mãe e seu tio (irmão de seu pai). Logo que chegaram, sua mãe engravidou, mas morreu no parto juntamente com o bebê.

Seu pai havia servido um dignitário na Babilônia, um homem importante, rico, mas generoso, que antes de morrer, deu para seu servo, o pai de Azareel, objetos de prata e ouro, para que ele e sua família pudessem voltar para sua terra natal em Jerusalém e reconstruir sua vida.

Após a morte daquele dignitário, que aconteceu alguns anos antes do decreto de Ciro, eles voltaram para Jerusalém e começaram um negócio com ovelhas, comercializando a lã com moradores locais e com as caravanas árabes que passavam por aquelas bandas. Mas depois da morte da mãe de Azareel, passaram-se alguns anos e seu pai adoeceu. Azareel tinha então 14 anos de idade, quando o pai dele veio a falecer, e mais alguns anos depois seu tio também faleceu.

Teve que aprender rápido a fazer tudo sozinho, mas por causa da sua disposição afável conseguiu levar sua vida da melhor forma possível.

Trabalhava com afinco. Seguia em frente. Quando a reconstrução das muralhas viera fazer parte da sua vida, ele o fazia voluntariamente. Não era um sacrifício, pois afinal de contas, não tinha pressa de voltar para casa.

Durante as manhãs cuidava das suas ovelhas e à tarde as trazia para o estábulo. Quando estavam prontas para o tosquio, tanto ele quanto seu amigo e agora sócio, Gazão, trabalhavam juntos. As negociações iam bem e conseguiam fazer o suficiente para manterem o negócio em boa situação.

Azareel não nutria maus sentimentos com relação à população local que era contra a presença dos judeus; acostumou-se com eles. Entendia que havia muitos que estavam fazendo de tudo para boicotar a reconstrução das muralhas. Não esperava outra coisa da parte deles, senão antagonismo, mas não os odiava.

No dia seguinte Azareel foi, como de costume, cuidar das suas ovelhas. Nada de novo, a mesma rotina: tirá-las do estábulo, procurar o melhor pasto, e quando a tarde caía, as levava de volta.

Naquela tarde, porém, algo muito especial iria acontecer na reconstrução de uma parte das muralhas: eles iriam receber um carregamento com madeiras especiais para os umbrais de um dos portões de Jerusalém. As madeiras já haviam sido preparadas para serem colocadas no lugar e o problema era que talvez não houvesse tempo suficiente para terminar o trabalho antes do anoitecer. Então os materiais que restassem deveriam ser transportados para um local seguro, uma vez que os ataques para danificá-los eram constantes.

Azareel era um dos que ajudariam para que a maior parte do serviço fosse realizada o mais rápido possível, antes que anoitecesse. Ele não era carpinteiro, mas era forte o suficiente para carregar os materiais quando se fizesse necessário.

Ao chegar lá, começou a trabalhar, carregando as madeiras para os locais destinados, as quais haviam sido trabalhadas e polidas e estavam prontas para serem instaladas. A noite veio rápido. Então era preciso que os materiais restantes fossem colocados num carroção e levados para um local seguro.

Azareel então ouviu um som estranho; era um barulho como vozes de muitos homens falando ao mesmo tempo. Então notou um brilho intenso vindo por entre as árvores e arbustos à sua direita. Ficou em posição de alerta e pediu para que seu companheiro chamasse os outros trabalhadores. Pegou um pedaço de pau e se colocou em posição de ataque. Seu amigo achou que ele estava se preocupando à toa, pois não pensava que nem o barulho ou aquele clarão significasse perigo. Era comum que à noite as pessoas andassem com tochas para iluminar o caminho. Azareel insistiu mais uma vez para que fosse procurar ajuda.

De repente, um grupo de homens carregando tochas de fogo vieram na direção de Azareel. Ele estava preparado, iria lutar. Quando seu amigo viu isto correu gritando por ajuda.

Os homens investiram contra Azareel, derrubando-o. Alguns tentavam queimar as madeiras enquanto outros derrubavam tudo o que encontravam.

Azareel conseguiu levantar-se e investindo contra eles, lutou bravamente, até que os outros trabalhadores apareceram e como eram em maior número, os atacantes viram-se em desvantagem e bateram em retirada, deixando para trás muitos materiais danificados.

O encarregado da construção ficou desolado. Aquilo que acontecera estava se transformando numa rotina. Dia sim, dia não, alguma coisa acontecia para atrapalhar: roubo de ferramentas, danificação de materiais, ameaças com a intenção de aterrorizar. Ficaram atônitos com a ousadia deles.

No entanto, a valentia de Azareel não ficou sem ser notada:

- Você os enfrentou com coragem, Azareel. Esse é um israelita valente! Agora vá para casa cuidar dos seus ferimentos que nós terminamos tudo por aqui. Você já fez o bastante! (Azareel agradeceu e se foi.)

Agora com o sangue esfriando, já sentia as dores dos machucados: um braço esfolado, a testa, a boca e os joelhos sangrando. Mas a despeito de tudo, estava feliz. Tinha feito o que se esperava dele. Não era orgulho, mas um sentimento de satisfação de que quando algo depende de você, você corresponde às expectativas. Ele sabia que sozinho não iria conseguir lutar com todos os que o atacaram, mas lutou, e isto bastava.

Estava indo para casa, mas mesmo mancando, não resistiu ao desejo de contar para seu amigo Binui os acontecimentos danosos daquele final de tarde; com certeza teriam assunto para uma semana!

Chegando perto do mercado, Binui, que estava do lado de fora do seu estabelecimento terminando de servir uma freguesa, notou que à distância, uma figura vinha em sua direção. Não demorou muito para que ele identificasse Azareel, que vinha andando meio que torto. Continuou servindo a mulher, sem mesmo prestar muita atenção ao troco que lhe dava e nem mesmo recontou como era seu costume. Não conseguia tirar os olhos de Azareel.

- O que poderia ter acontecido com ele? (Binui estava curioso.)

Começou então a andar rápido na direção de Azareel e percebendo que ele estava ferido, correu ao seu encontro e apoiando-o, queria saber o que havia acontecido. Fez muitas perguntas, mas não dava tempo para Azareel responder a nenhuma delas. Azareel pacientemente tentava acalmá-lo, prometendo que contaria todos os detalhes assim que pudesse se sentar.

Entraram no estabelecimento do Binui e ele lhe ofereceu um banquinho. Rapidamente providenciou água limpa e alguns panos para limpar os ferimentos.

Queria que num só fôlego Azareel contasse tudo o que acontecera. Foi com dificuldade que finalmente os acontecimentos daquele começo de noite foram absorvidos por Binui.

- Que perigo você passou! Nós sabemos que há muitos problemas rondando a reconstrução das muralhas, mas o que aconteceu hoje passou dos limites! Penso que não vai demorar muito e os trabalhadores na reconstrução terão que ter numa mão a ferramenta de trabalho e na outra a espada!

- Têm muita gente irritada com a nossa presença aqui. Para mim os piores são os que clamam ser descendentes de Israel, mas que não o puderam provar; não encontraram seus nomes nas genealogias. Penso que eles são os mandantes destas turbas! Não puderam fazer parte da reconstrução do Templo, estão feridos no seu orgulho e não têm feito outra coisa, senão boicotar, atrapalhar ou tornar tudo mais difícil! (Declarou Azareel.)

- Você está totalmente certo! Fica muito difícil visualizar esse projeto das muralhas e seus doze portões prontos com tanta gente ao redor sendo contra! E agora com o

Templo terminado, me dá arrepios só de pensar no que ainda está por vir! (Declarou Binui, preocupado.)

- Você se esquece, porém, de algo muito importante, amigo Binui: Que o Deus de Israel está por trás de tudo isso e não importa quanto ódio, ressentimento e sentimento de injustiça essa gente toda possa ter contra nós, as muralhas serão reerguidas e os portões firmados. É um decreto que foi feito nos céus antes de ter sido firmado na terra!

Binui concordou com o balançar da cabeça. Era a mais pura verdade, que entrava nas entranhas e fortalecia homens, mulheres e crianças. Era um ponto de luz que emanava de dentro para fora, e que não podia ser contido; era mais forte que a adversidade: era ir em frente ou ir em frente! Não havia outra opção.

- Além do mais, de acordo com o decreto de Dario, rei da Pérsia, está escrito: "O Deus, pois, que fez habitar ali o seu nome derrube a todos os reis e povos que estenderem sua mão para mudar este decreto e destruir esta casa de Deus, que está em Jerusalém. Eu Dario, baixei o decreto. Com diligência se cumpra!" Isto não só se aplica ao Templo, mas também à reconstrução da cidade como um todo, na minha opinião! (Declarou, Azareel, solenemente.)

- Você decorou o decreto? (Admirado quis saber Binui.)

- Só a parte que eu mais gostei! (Respondeu Azareel, timidamente.

CAPÍTULO 2
O ENCONTRO

Enquanto conversavam, Binui, que tentava limpar o ferimento na testa de Azareel, não notara que uma jovem entrara na sua loja. Com uma cesta no braço, ela olhava para a parte dos legumes e distraída procurava com os olhos atentos o que havia de melhor.

Azareel não pôde deixar de notar sua beleza, e como que hipnotizado, sem nem mesmo prestar atenção na dor que estava sentindo, acompanhava cada gesto dela; seu andar lento por entre as fileiras de legumes e frutas: Uma visão mágica!

Binui então notou o semblante embasbacado do seu amigo e quis saber:

- O que está acontecendo?

Binui então se virou para a direção em que Azareel estava olhando com os olhos fixos e viu a moça. Imediatamente interrompeu o tratamento médico que estava prestando ao seu amigo e correu para atendê-la. Azareel então sentiu dor, levou a mão à testa e gritou:

- Ai!

A moça que ia dizer a Binui o que ela queria comprar, notou a presença de Azareel. Olhou intrigada, porque o braço dele estava esfolado e seu rosto inchado. Ele não parecia nem um pouco atraente.

Quando notou o olhar da moça, Azareel ficou envergonhado e baixou imediatamente a cabeça para que ela não tivesse tempo de memorizar seu rosto, especialmente daquele jeito.

Ela então comprou o que queria e saiu.

Binui voltou, pegou o pano que estava usando para limpar os ferimentos de Azareel e recomeçou o tratamento, que agora era sentido a cada toque, mas em meio a gemidos e ais, quis saber quem ela era, ao que Binui, respondeu que a moça morava perto dali. Ao notar o interesse de Azareel, comentou que ela era de uma família de adoradores de Baal.

- Ela não é para você, meu amigo! Nós sabemos que um relacionamento com pessoas de outras raças não está de acordo com os ditames da nossa fé. Nem pense em deixá-la entrar no seu coração!

Mas era tarde - ela já tinha entrado. Foi amor à primeira vista; era como se uma força poderosa, incontrolável e inesperada tivesse penetrado o peito de Azareel, atingindo com precisão seu coração desprevenido. Sim, o coração, esse reino tão diferente, que inevitavelmente tem suas próprias regras.

É preciso ser muito valente: um verdadeiro guerreiro para vencer a batalha contra um coração determinado. Muitas vezes damos sorte e o coração e o corpo são "um" numa nobre causa, num ato de misericórdia, no amor entre duas pessoas. Mas quando isso não acontece, ou o coração ou o corpo entra em estado de paixão; então sai da frente, porque ou um ou o outro vai usar toda a sua força para ir de encontro aos seus desejos, e em muitos casos, não se importando com as consequências, que podem ser devastadoras.

Quando Azareel estava indo para casa, sentia-se muito estranho. Não eram os machucados ou os acontecimentos daquela noite na construção que estavam mexendo com ele. Olhou para o céu e nunca viu tantas estrelas juntas! A lua estava cheia e bem brilhante! Talvez estivesse assim por causa dele!

- Você é um tolo, Azareel! (Falou em voz alta.)

Seu coração estava batendo forte no peito. Sentia um calor tomar conta do seu corpo, um ardor que não ardia; uma alegria sem explicação.

Mas ela provavelmente nem o notara, e se notou, não viu grande coisa por causa do seu estado. "O que ela estaria pensando dele?" Como saber?

A questão era que ele a havia notado, e como era possível que quando dois pares de olhos se cruzam, um sente de um jeito e o outro de outro? Como isto acontece? Quem tem as respostas para tais coisas?

Azareel cantarolou, assobiou e assim chegou à sua casa, sob a luz da lua cheia e com o sol dentro do seu coração enamorado.

Então veio o dia seguinte... Azareel não poderia ir trabalhar. Não antes de saber o nome dela. Durante toda aquela noite, não dormiu, não por causa das dores, mas porque esqueceu de perguntar o nome dela. Antes de ir para o estábulo, tinha que ir falar com Binui para saber mais detalhes.

Binui estava abrindo seu comércio. O sol estava saindo e seus raios já chegavam à sua porta. Binui era um homem maduro, com cinquenta e poucos anos, comerciante a vida toda. Era conhecido por todos e sabia tudo o que acontecia por lá. Era conselheiro, amigo e às vezes, fofoqueiro. Entrava em confusão por causa disso, mas no geral era querido; um pouco desastrado com as coisas, porém, tinha grande senso de humor em relação ao que acontecia com os outros, mas quando era com ele, não achava graça nenhuma.

Como no dia em que um freguês entrou no seu comércio e comprou algumas tâmaras. Minutos depois voltou reclamando que Binui havia cobrado muito pelas tais tâmaras e que ele era um extorquidor.

Apesar de ser bem mais velho que o homem, Binui não se deixou intimidar. Alguns outros fregueses que estavam na loja tomaram partido do homem que reclamou dos preços altos, que agora não eram mais só das tâmaras. De repente, mais pessoas entraram no estabelecimento porque falavam alto; a loja então ficou cheia de gente.

Binui estava sentado atrás de uma mesa velha que ele mesmo tinha feito. Ele então se levantava e replicava às acusações e se sentava, tentando ignorar a multidão que agora se empurravam dentro do seu estabelecimento. Então vendo que tudo parecia estar fora de controle, quis dar um fim àquela situação. Levantou-se mais uma vez e deu um murro bem forte na mesa para ver se causava impacto e amedrontava aquela gente de uma vez por todas e finalmente os faria ir embora. Porém uma das madeiras da velha mesa se soltou e foi diretamente de encontro ao seu rosto, nocauteando-o. Caiu no chão, ficou zonzo e com o nariz sangrando. A multidão gritou a uma só voz: "BINUUUUI!!!!"

Saíram todos correndo. Não ficou um pra ajudar! Ainda atordoado com o golpe que recebera foi para dentro da loja, ao seu pequeno, mas confortável cômodo nos fundos que ele chamava de lar. Limpou o rosto e para sua surpresa, seus dois dentes da frente estavam quebrados; só restaram os tocos. Ele não era um homem vaidoso, mas gostava de manter-se limpo, asseado e apresentável. E o que ele mais admirava em si mesmo eram os seus dentes, que de fato tinham uma boa aparência.

Desesperado, resolveu ele mesmo dar um

jeito. Pegou alguns pequenos pedaços de ouro, que guardara por muitos anos, derreteu-os e procurou dar uma forma parecida com os seus dentes e os enxertou nos tocos que restaram na sua boca. Ficou estranho, mas não estava mais banguelo.

No dia seguinte, todos os que foram ao seu comércio não deixaram de notar algo muito estranho em Binui: O nariz roxo, a boca inchada e um certo brilho quando ele falava. Quando sua freguesia finalmente entendeu o que ele tinha feito, riram às escondidas até que o tempo passou e ninguém mais ligava.

Mas lá vinha Azareel! Binui notou que ele estava vindo ao seu encontro.

- Não era para você estar indo para o estábulo!

- Sim, mas eu tenho que lhe perguntar uma coisa!

Desconfiando Binui do que se tratava, balançou negativamente a cabeça:

- Ah, eu não vou falar nada sobre aquela moça para você!

- Como sabe que a minha pergunta é sobre ela?

- Ora você não veio até aqui só para me dizer "bom dia", foi?

- Não! (Respondeu timidamente, Azareel.) Eu só quero saber um pouco mais sobre ela, e você não vai me negar isto, vai?

Entendendo Binui que não iria conseguir se livrar de Azareel, acabou cedendo.

- E o que você quer saber?

- Bem, para começar: o nome dela. Qual é o nome dela?

- É Janir.

- Janir. Que nome lindo!

- Sim, sim, um nome muito bonito. (Concordou Binui sem entusiasmo.)

- O que mais sabe sobre ela?

- Bem, eu não sei muito, mas o que eu sei é que o pai dela foi um artesão de metais, um especialista em cobre e bronze, que teve um relativo sucesso na sua profissão, mas era um bebedor de vinho, um esbanjador que teve três mulheres e filhas com todas elas;

mas as duas primeiras acabaram abandonando-o quando ficou cego e pobre. Só restou para ele a última mulher que teve com ele uma única filha, Janir. Mas essa mulher veio a falecer, quando a menina tinha doze anos. E é ela que cuida dele até hoje.

- Então são só ela e o pai?

- Não, ele tem uma irmã, por parte de pai. Alguns anos antes de suas mulheres o abandonarem, essa irmã apareceu por estas bandas, dizendo-se viúva; uma pessoa esquisita. Ela me assusta. Não gosto de estar na presença dela. É uma adoradora de Baal. Quando ela entra aqui para comprar alguma coisa me dá arrepios!

- Como ele ficou cego?

- Não sei todos os detalhes, mas contam que um dia ele tinha bebido demais, e estava tentando voltar para casa. Já era noite. Alguém tinha feito uma fogueira e ele cambaleando, caiu de cara sobre as brasas que ainda ardiam e não teve forças para se levantar rapidamente. As brasas acabaram ferindo gravemente os olhos, que se infeccionaram e ele ficou cego!

- Nossa que história triste!

- É, mas não pense que ele é uma pessoa fácil. Qualquer um que se aproxima da Janir ele põe pra correr; não quer que ela se vá, e o deixe sozinho. É ela que faz tudo!

- Pobre moça!

- Você não precisa sentir pena dela, Azareel. Ela vai muito bem, obrigado! Vai acabar encontrando alguém. O pai dela não vai viver para sempre.

- Mas, o que mais você sabe sobre ela?

- Já lhe disse tudo o que eu sei!

- Até agora você só me falou da família dela!

- Meu amigo, se você quer saber sobre uma pessoa, tem que saber a respeito da família dessa pessoa primeiro, não entende isso?

- Sim, entendo.

Azareel estava impaciente, mas percebeu que não iria arrancar mais nada do seu amigo e além do mais, estava atrasado para ir cuidar das suas ovelhas.

Binui vendo o desapontamento de Azareel, quis mostrar que se importava.

- Azareel, meu amigo, o que sei sobre ela é que se chama Janir, que cuida do pai dela, o qual é cego e difícil de lidar, que ela é pobre, tem algumas ovelhas e cabras, que compra frutas e legumes de mim e que tem uma tia horrível! Ah, que é verdadeiramente uma moça bonita, mas pertence a uma família de adoradores de Baal! Entendendo que Binui não queria cooperar, Azareel começou a caminhar em direção ao seu estábulo. De repente parou e gritou para que Binui escutasse: "Onde ela mora?"

Binui, que não acreditou que ele perguntasse isto, respondeu apontando para a direção oposta à qual Azareel estava indo:

- Ela mora no fim desta rua, virando à direita, a primeira casa. E tomara que quando você for lá, a tia dela abra a porta pra você!

Binui estava 'impossível' naquele dia. Azareel decidiu não incomodá-lo mais.

Teve que resistir à tentação de voltar e

passar em frente à casa dela. Não era só por causa do Binui, que certamente iria ter um ataque se o visse fazer isto, mas porque ainda estava com o rosto inchado e roxo e não queria de forma alguma causar má impressão.

Mas hoje era dia de tosquiar, e já estava atrasado, seu amigo e sócio, Gazão, com certeza iria ficar preocupado. Eram amigos desde quando meninos; gostavam de fazer coisas juntos, principalmente de pescar. Gazão era muito bom nisto, gabava-se da sua técnica para encontrar o melhor lugar onde achar muitos peixes; ao contrário de Azareel, que não tinha jeito nenhum para a coisa. Ele era divertido, fazia Azareel rir, estava noivo e iria se casar em breve. Era uma pessoa de bem com a vida.

Apesar de todas as coisas ruins que aconteciam, a felicidade não deixava de fazer parte daquele lugar. A oposição à presença dos judeus era grande, mas era enfrentada como uma coisa a mais para se preocupar. Havia determinação em viver, em prosperar e vencer.

- Mas que demora, Azareel, eu já estava para começar sozinho! Temos que terminar até o fim da tarde e chegar a tempo de negociar com as caravanas dos árabes! Mas o que aconteceu com você? Está todo machucado!

- Ontem na construção tivemos uns probleminhas com uns homens que queriam nos impedir de terminar um dos portões da cidade.

- Eles lhe atacaram?

- Sim, eu reagi, mas eram muitos, até que os trabalhadores apareceram e eles fugiram.

- Você está bem? Seu rosto está bem inchado!

- Parece pior do que realmente estou sentindo.

- Entendo agora porque está atrasado, me desculpe por lhe ter dado bronca antes de saber o que tinha acontecido.

- Não se preocupe, você não sabia.

- Você pode voltar para sua casa e descansar, eu dou um jeito e termino o trabalho. Se vejo que não consigo vou até o mercado e contrato alguém para me ajudar.

- Não se preocupe! Como lhe disse os ferimentos são superficiais. Vou trabalhar rápido. Desculpe o atraso, mas é que eu tinha que dar uma palavrinha com Binui antes de vir para cá.

- Falar com Binui? Por quê?

- Ontem, depois do incidente na construção, fui até o comércio do Binui, e lá, enquanto ele cuidava dos meus ferimentos, uma jovem entrou no estabelecimento.

- Uma jovem?

- Sim, uma bela moça. Não ... belíssima!

- Paixão à primeira vista! Eu concluo.

- Exato!

- Mas foi assim tão certeiro?

- Uma flecha diretamente contra o meu peito! Eu não tive tempo de me desviar!

- E ela lhe viu nesse estado?

- Pior que sim, mas eu logo abaixei a cabeça

para ela não ter tempo de ver meu rosto.

- Já não era sem tempo para você encontrar uma moça, casar e formar uma família. Está mais do que na hora de você se ajeitar. Eu estou me ajeitando, logo vou me casar. Não a perca de vista, aliás de qual família ela é?

Gazão queria saber mais detalhes, mas Azareel não iria dar mais detalhes, principalmente que ela vinha de tradições diferentes das deles.

- Não sei ainda muito sobre ela (Disse Azareel, meio que desconsertado.) Vamos trabalhar o mais rápido que pudermos para não perder de negociar com as caravanas. Sinto que hoje vamos fazer um bom dinheiro com eles! (Azareel queria parar o assunto sobre a moça por ali.)

Como Gazão também estava com pressa e preocupado em terminar o trabalho, concordou em parar de falar e produzir mais! Terminado o dia puseram as lãs no carroção e dirigiram-se a um dos portões de Jerusalém, onde os mercadores das caravanas estavam acampados. Fizeram de fato bons negócios com eles naquele dia e ambos foram para casa satisfeitos.

Como Azareel não havia se recuperado de seus ferimentos e como tinha trabalhado muito duro no tosquio, decidiu que não iria para a reconstrução por um tempo, mas que iria usar aquela oportunidade para recuperar-se. No entanto, não queria se sentir enfadado; então teve a brilhante ideia de seguir Janir.

Passados alguns dias, Azareel decidiu que visitaria seu amigo Binui, mas tomou um caminho diferente, que por coincidência passaria em frente da casa de Janir. Queria somente passar por lá e dar uma olhadinha. Quem sabe, com sorte, ela estaria do lado de fora e ele poderia vê-la outra vez. Iria ser discreto. Não queria que ela o visse, pois sua aparência ainda o preocupava.

Aquele era seu dia de sorte, porque lá estava Janir do lado de fora da casa. Ela carregava um cesto com roupas e distraidamente conversava e ria com duas moças que pareciam ser suas amigas.

Tentou passar sem ser notado, procurando não olhar para o lado delas, que falavam alto e riam. Apressou o passo, mas não demais para não chamar a atenção, e assim foi. Ele pensou que tinha feito tudo certo e que ela nem o notara; o que foi um engano, ela notou e não somente ela:

- Porque está olhando para aquele rapaz, Janir? (Perguntou Deia.)

- Que rapaz?

- Aquele que passou tentando disfarçar que não estava olhando para cá! (Deia afirmou.)

- Ah! Aquele moço que passou agora há pouco?

- Sim, ele mesmo! Minha nossa! Ele estava todo machucado. Parece que veio da guerra!

- Bem, outro dia, quando fui comprar legumes no comércio do Binui, ele estava lá. Binui estava limpando seus ferimentos, porém, não sei o que aconteceu!

- Talvez tenha alguma coisa a ver com o

ataque que os mandados de Sambalate fizeram contra os judeus! Vocês não ouviram? (Disse Tara, a outra amiga de Janir.)

- Sim, eu soube. Eles fizeram um estrago enorme, e houve alguns que ficaram muito machucados! (Comentou Deia.)

- É, pode ter sido isto, ele poderia ter sido um dos envolvidos nessa trama! (Concluiu Tara.)

- Mas se ele estava no comércio do Binui e Binui estava cuidando dele.... (Falou pausadamente, Deia.) então: *"Ele é um israelita!"* (Falaram as duas amigas de Janir ao mesmo tempo.)

Aquela conversa começou a incomodar Janir.

- Eu não sei se ele é ou deixa de ser israelita. Vocês conhecem o Binui. Ele ajuda a qualquer um. É um homem bom. Mas uma coisa eu sei: que o rapaz me olhou como se eu fosse a coisa mais estranha que ele jamais tinha visto na vida!

- Ah! Os israelitas! Quem entende essa gente? Tratam-nos como se tivéssemos uma doença contagiosa ou alguma coisa assim. No entanto, querem casar-se conosco! (Declarou Deia.)

- Quem quer casar com você, Deia? (Perguntou cinicamente, Tara.)

Deia fez uma careta para Tara e ia dar o troco, quando Janir a interrompeu:

- Muito bem, meninas, eu tenho que entrar e preparar o jantar do meu pai. Amanhã nos vemos!

Janir não estava interessada naquela velha discussão sobre como os rapazes da região se comportavam em relação às moças. Ela sabia que havia uma declarada competição entre as duas sobre quem se casaria primeiro e não estava com disposição para tal assunto.

Entrou em casa e viu seu pai num canto da cozinha, de pé, parado. Sem entender, correu ao seu encontro e quis saber o que estava acontecendo. Ele estava nervoso.

Disse que queria ir lá fora mas não achou o caminho da porta e que estava perdido.

Janir sentiu muita pena dele por estar assim, não só cego, mas ao que tudo indicava, perdendo a lucidez. Porque apesar de cego ele sabia ir a qualquer lugar da casa, inclusive o quintal. Quando olhou para o chão viu uma poça de líquido. Logo entendeu que ele não conseguiu se conter e urinou ali mesmo.

Ele começou a desculpar-se, deixando o coração de Janir apertado ao ver aquilo. Ela então começou a pedir desculpas por ter estado ausente e distraída com suas amigas, ao invés de vir para dentro e verificar se ele estava bem ou se estava precisando de alguma coisa.

Levou então seu pai para o quarto; deu-lhe roupas limpas e preparou água para que se banhasse e se trocasse, e foi preparar o jantar.

Pôs lenha no fogo, que foi avivado rapidamente e começou a preparar a comida. Enquanto cortava os legumes e os punha no tacho, não conseguia parar de pensar naquele moço que vira no comércio do Binui. Nunca o vira antes. Será que ele havia chegado aquela semana? Eram tantos os que chegavam em Jerusalém; mas já envolvido com ataques? Talvez porque fosse novo na região é que entrara em confusão.

Mas agora, o que ele estaria fazendo ao passar em frente à casa dela. Será que estava morando perto dali? Por que olhara tão fixamente para ela naquele dia? Eram tantas as perguntas, e nenhuma resposta.

- Que estranho! (Disse em voz alta.)

- Disse alguma coisa, Janir? (Seu pai quis saber.)

- Não, pai. Só estava pensando em voz alta!

Alguns dias se passaram e Azareel tendo ainda ferimentos visíveis no rosto, evitava encontrar-se com Janir, mas secretamente (era como ele pensava) a seguia. Se ela entrava em algum comércio, ficava do lado de fora esperando ela sair, e ia se espreitando pelas ruas estreitas, apinhadas de gente, desafiando a si mesmo se seria capaz de reconhecê-la, de achá-la no meio da multidão.

Azareel estava fascinado por aquela nova aventura, que fazia seu coração saltar no peito, a ponto de cair no chão e ser espezinhado por todo aquele povo e que eles nem notariam um coração israelita todo esmagadinho no chão. E ria só em pensar nisto; era tudo tão novo para ele... Não conseguia imaginar quando finalmente teria coragem de falar com ela, de não só ouvir sua voz de longe falando com os outros, mas de perto e com ele. Como seria ela falando com ele? Olhar nos seus olhos, ver seu sorriso de perto. Será que ela sorriria para ele? E será que ele teria assuntos interessantes para falar com ela? De repente, pensou que talvez não era inteligente o suficiente para impressionar ninguém, muito menos ela!

Decidiu que até que soubesse o que falar,

não se aproximaria. Tinha que se preparar ou então iria somente parecer um tolo.

Azareel não tinha muito tempo para este serviço secreto de seguir Janir. Entre suas ovelhas e o trabalho na reconstrução das muralhas, que agora requeriam mais do seu tempo, restava muito pouco, infelizmente, para se dedicar à sua nova função: a de conhecer Janir.

Mas descobriu algumas coisas interessantes durante aquele período: Que ela, como ele, também tinha uma rotina. No caso dela, acordava cedo, cuidava das roupas, dos seus animais, comprava mantimentos para a casa, que mantinha uma horta, que tecia e que ela mesma tosquiava suas ovelhas. Ficou encantado ao descobrir como ela era industriosa; as tardes, ela reservava para levar suas ovelhas para pastarem; não tinha muitas, mas eram suficientes para negociar sua lã com os comerciantes locais e ganhar seu sustento.

Este era o momento que ele mais gostava

de observá-la: Quando ela saía com suas ovelhas. Deixava-as soltas, pastando livremente sob o azul do céu. Sentava-se debaixo de uma árvore e ali passava algumas horas. Cantarolava, e às vezes adormecia, e acordava assustada com medo de que seus animais tivessem sido roubados ou tivessem se perdido.

Um dia quando ela adormecera, ele, com muito cuidado, aproximou-se e viu bem de perto seu lindo rosto, descansado e tranquilo. Era como se ela estivesse no céu; seu semblante era sereno e doce.

Azareel tinha medo de se apresentar a ela e de repente mudar tudo. Aquilo era muito mágico e ele podia sonhar com mil situações onde ela sempre correspondia aos seus sentimentos. Nunca em seus sonhos, o rejeitara ou fora rude com ele. Porém era uma decisão difícil arriscar-se. Tudo o que ele sonhara poderia se tornar realidade ou não! Mas uma coisa era certa, o fato de que desde que a conhecera, sua vida havia mudado.

Numa certa tarde as amigas de Janir vieram visitá-la. Ao chegar na casa, viram Janir trabalhando numa pequena horta que mantinha no fundo do quintal. Entraram às pressas, chamando por Janir, que ao virar-se viu que eram Deia e Tara. Fez sinal para não falarem tão alto, pois seu pai estava dormindo.

Acalmaram-se as duas e aproximaram-se de Janir; mal podiam se conter para contar a novidade. Tara começou:

- Janir, você não adivinha o que eu e a Deia estamos fazendo!

- Não, não adivinho! (Respondeu desinteressada, Janir.)

Deia tomou a palavra:

- Estamos seguindo o israelita!

- O quê? (Agora elas tinham conseguido a atenção de Janir.)

- Sim, seguindo o israelita. (Reafirmou Tara.)

- Seguindo o israelita? (Repetiu, indignada, Janir, e acrescentou.) "Por quê?"

- Ora, ele segue você, então resolvemos segui-lo também! (Argumentou Tara.)

- Quem disse que ele me segue? (Janir queria passar a impressão de que não fazia a menor ideia sobre o que elas estavam falando.)

- Ora, Janir, não me diga que você nunca percebeu! (Falou Deia, cinicamente.)

Tendo sido pega pela verdade, Janir concluiu que com elas não teria escolha, senão admitir que de fato sabia que estava sendo seguida pelo "tal" israelita.

- É claro que percebo. (Admitiu, baixando o tom de sua voz.)

- O que será que ele quer com você? E por que não se aproxima de uma vez e fala alguma coisa? (Disse Tara.)

- Ele está apaixonado por Janir e não tem coragem de confessar! (Concluiu, Deia.)

- Ah, vocês duas, parem de imaginar coisas! Eu sei que ele anda me seguindo. Eu só não tenho uma explicação lógica para isto. No começo fiquei um pouco assustada, mas depois de ver as coisas que ele faz imaginando que não está sendo notado, é muito engraçado!

- Se eu fosse você, o confrontava! (Declarou Deia decidida.)

- E falava o quê pra ele? (Quis saber Tara.)

- Eu diria assim: 'O que você quer comigo? E por que está me seguindo?' Simples assim!

- Que original! (Tara balançou a cabeça, enfadada.)

Janir de repente se lembrou do seu pai, e se ele não estivesse dormindo? Poderia estar ouvindo aquela conversa. Tinha que fazer com que suas amigas fossem embora, porque se ele imaginasse que tinha um israelita atrás dela, ficaria furioso. Ele não admitia que nenhum rapaz se aproximasse dela, quanto mais um israelita! Isto seria o fim! Ele os detestava.

Cuidadosamente, falando baixinho, conduziu suas amigas para o portão.

- Bem, minhas queridas, o que o israelita quer comigo não tem a menor importância, mas se um dia desses eu me cansar de vê-lo tropeçar nas coisas para tentar se esconder de mim, ou enfiar a cara na árvore porque não prestou atenção aonde estava indo (começou a rir), ou enfiando os pés num buraco cheio de lama, então eu o confronto, mas até lá até que está divertido!

- As amigas riram e disseram juntas: "Esse israelita é um tonto!"

- Não, ele não é tonto! (Defendeu, Janir.) Ele deve ter suas razões, mas não é tonto!

- Olha aí, Deia, Acho que não é só o israelita que está apaixonado! Quem sabe daqui a alguns dias não vai ser a Janir que vai segui-lo! (Declarou Tara.)

- Vocês duas, vão procurar o que fazer. Estou muito ocupada. Daqui a pouco tenho que levar as ovelhas para pastar. Agora, por favor, vão embora. Nós nos falamos outra hora!

-Vamos, Deia!

E se foram.

Janir então contemplou a possibilidade de

também seguir o israelita. "Até que não parecia uma má ideia!" (Pensou.)

Foi até o pequeno curral no fundo do quintal, organizou suas ovelhas, e logo avistou sua tia que já estava portão adentro. Ela vinha todas as tardes para ficar com o irmão enquanto Janir se ausentava por algumas horas.

- O pai está dormindo, tia. Eu vou voltar logo. Não vou demorar.

Sua tia nem respondeu, balançou a cabeça, concordando, entrou na casa e para sua surpresa seu irmão não estava dormindo, como Janir afirmara.

- O que você está fazendo acordado? Janir me disse que estava dormindo.

- Ela pensou que eu estava, mas não. Eu ouvi uma conversa muito estranha dela com suas amigas.

- Que amigas?

- Aquelas que vivem atrás de Janir. Não saem daqui. São umas tagarelas!

- Ah, a Deia e a Tara!

- Sim, as tagarelas!

- Mas que coisa é essa que você ouviu e que lhe está preocupando?

- Eu ouvi as tagarelas dizerem que tem um tal israelita seguindo Janir!

- Um israelita?

- Sim, um israelita! (Repetiu, nervoso, o pai de Janir.)

- Elas falavam baixo, mas você sabe que meus ouvidos ficaram aguçados depois que perdi minha visão. E o pior de tudo é que Janir sabe que o tal rapaz a está seguindo!

- Sabe, como?

- Sabendo! Ela mesma admitiu. Depois falaram tão baixo que eu não consegui ouvir mais nada. Você tem que me ajudar a descobrir, através de Janir, ou mesmo através das amigas dela, o que realmente está acontecendo!

Simeia confortou seu irmão:

- Não se preocupe, eu vou descobrir. Agora se acalme e vá deitar-se. Eu vou buscar um copo de água pra ver se refresca essa sua cabeça!

- Eu não estou com a cabeça quente. Só estou preocupado com Janir!

- É! Faz de conta que eu acredito!

CAPÍTULO 3
O CONFRONTO

Binui estava na porta do seu comércio quando viu Janir passar com suas ovelhas. E pensou em Azareel e na encrenca em que seu amigo estava entrando. Ela era, sim, realmente muito bonita e muito doce. Mas havia aquela diferença entre os dois - um abismo, por assim dizer. Como convencer Azareel a parar por ali, esquecer tudo e achar alguém da sua própria gente para se casar e ser feliz?

Ele o via como a um filho. Seu melhor amigo (pai de Azareel) tinha pedido que cuidasse dele e o protegesse; mas agora Azareel era homem feito, como cumprir a promessa que fizera ao seu grande amigo?

Mas não iria desistir, aliás, para ele também era importante que Azareel não se misturasse com aquela gente. Não tinha nada pessoal contra Janir, até gostava dela, mas não desistiria de dissuadir seu amigo a mudar de ideia, isto é, escolher alguém compatível com ele.

Enquanto sua mente borbulhava em pensamentos, notou que passava apressadamente, tentando se desvencilhar das ovelhas de Janir, Sambalate, governador de Samaria, juntamente com seu comparsa Tobias.

"O que esses dois estão fazendo por aqui?" Falou Binui em voz baixa. "Boa coisa não é!" (Acabou respondendo para si mesmo.)

Sambalate era um opositor declarado quanto à volta dos judeus. Vinha minando qualquer esforço por parte deles na reconstrução da cidade, principalmente das muralhas. Era um homem cínico, que contava com aliados até mesmo dentro das paredes do Templo. Sua filha era casada com o neto de um dos sacerdotes que tinha cargo no Templo.

Ele havia construído em Samaria um templo à semelhança do Templo de Salomão, e queria que através da sua linhagem, agora misturada com a linhagem dos judeus através da sua filha, pudesse reter legitimidade e esse Templo pudesse ser mantido. Seu amigo Tobias se valia do mesmo expediente para obter favores. Ele era parente de Eliasibe, sacerdote que presidia sobre as câmaras do Templo onde se abrigavam os mantimentos para os levitas e acabou por receber o privilégio de ter uma das câmaras para seu uso particular.

Sambalate era um homem contraditório. Clamava direitos espirituais e ao mesmo tempo procurava atrapalhar qualquer esforço do povo judeu de se restabelecer e recuperar as bênçãos do seu Deus. O mesmo Deus que ele dizia servir no templo que ele erguera.

Os judeus viviam essa indignação, Como fazer aquilo parar? Não dava para ir às autoridades e reclamar, porque eles eram, muitas vezes, os próprios mandantes.

Reclamar com o rei era via de duas mãos porque, de repente ele, o rei, poderia decidir mudar de ideia e começar a imaginar que os judeus estavam reconstruindo com a intenção de se rebelar contra o reino persa.

Mas a despeito dessas dificuldades e intrigas, o Templo havia sido reconstruído. Estava quase tudo pronto, com exceção das muralhas, que estavam sendo reparadas rapidamente, e até os umbrais dos portões já estavam sendo preparados. Era só uma questão de tempo.

Passaram-se algumas semanas, quando Janir se preparava para levar seus animais para pastar. Sua tia, como sempre, apareceu para tomar conta do seu irmão, Arah, mas desta vez trouxera uma pessoa com ela: uma mulher que Janir jamais vira antes. Janir estranhou porque nunca soube que sua tia tivesse qualquer amiga, quanto mais trazer esta pessoa para a casa do seu irmão! Que novidade era aquela?

Janir cumprimentou as duas e convidou-as para que entrassem. Quando Simeia entrou encontrou seu irmão acordado, o que também não era comum. Foi então até a porta e disse:

- Pode ir, Janir. Não tenha pressa de voltar. Vamos cuidar do seu pai.

- Está bem! (Disse Janir, empurrando os animais para fora.)

Quando Simeia viu que Janir não estava mais por perto, dirigiu-se a seu irmão e disse:

- Uta vai tomar conta de você e eu vou seguir Janir para descobrir finalmente o que está acontecendo!

Uma luz se acendeu no rosto do seu irmão.

- Vá! Não a perca de vista!

Quando Janir estava já um pouco distante da casa, Simeia saiu.

Janir passou em frente ao comércio do Binui.

Azareel, então, apareceu, não se sabe de onde e começou a seguir Janir.

Naquela tarde, porém. quando Azareel viera para o vilarejo, Deia e Tara o viram, e começaram então a prestar atenção aonde ele se dirigia.

Viram que ele agia de modo estranho. Não

parecia ter uma direção definida, então concluíram que ele provavelmente estava à espera de Janir, e que com certeza iria segui-la.

Esconderam-se e ficaram de prontidão, esperando para ver o que ele faria quando Janir passasse. E se ele a seguisse, elas iriam fazer o mesmo.

Riam sem parar só de pensar como seria divertido ir atrás dele!

E assim fizeram. Assim que ele se pôs atrás de Janir, elas fizeram o mesmo, indo atrás dele.

Neste interim, Binui que estava na entrada do seu estabelecimento ajeitando algumas frutas e legumes que ele costumava colocar do lado de fora para chamar a atenção da freguesia, viu Azareel passar apressadamente em frente ao seu comércio e notou que estava logo atrás de Janir, que inocentemente ia empurrando suas ovelhas para frente. Passado mais um momento viu passar Simeia. Aquilo o deixou intrigado.

Olhando tudo mais atentamente, notou que ela estava indo na mesma direção que Azareel e que as amigas de Janir também estavam atrás dele. Ficou pasmado, sem entender nada!

Mas não resistiu à curiosidade e embarcou na corrente. Pediu ao rapaz que sempre o ajudava na loja, que tomasse conta de tudo e lá se foi ele seguindo a todos.

Janir encontrou um bom lugar para seus animais e os deixou pastando livremente. Sentou-se ao pé de uma árvore e começou a cantarolar baixinho.

Azareel aproximou-se bem devagarinho. Era uma árvore centenária, enorme, de troncos largos. Ele se posicionou logo atrás, pois assim poderia ouvi-la cantar e não ser percebido.

Quando todos que estavam atrás dele, viram que Azareel estava tão próximo de Janir, prenderam o fôlego. Pararam imediatamente no lugar, como se fossem estátuas. Seria aquele o dia em que ele finalmente ousaria falar com ela? Mas ele ficou assim parado atrás da árvore, abraçando o tronco, sentindo-se invisível. Então, Janir se levanta e inesperadamente, sem que Azareel tivesse tempo de fugir, o pega em flagrante atrás da árvore e lhe pergunta: "O que quer comigo, moço?!"

Ele deu um pulo para trás. Os outros quando viram isto disseram a uma só voz: "Oh! Nãããão!"

Mas tanto Janir como Azareel nem notaram que estavam sendo vigiados. Estavam hipnotizados um pelo outro. Ele, porque fora pego de surpresa. E ela porque não sabia onde arrumara coragem para confrontá-lo face-a-face!

Todos os outros saíram correndo da cena. Talvez aquele momento pertencesse somente aos dois e a ninguém mais.

- Não quero nada com você, moça! (Falou Azareel com dificuldade.)

- Se não quer nada comigo, por que vem me seguindo?

- Eu? Lhe seguindo?

- Sim, me seguindo! Pensou que eu não estava notando!

Azareel respirou fundo. Não dava mais para negar. Tinha que admitir!

- Me perdoe, Não quis lhe causar nenhum desconforto; eu realmente venho lhe seguindo.

- Tem medo de falar comigo?

- Não é medo. É que eu não sabia exatamente o que dizer!

- Você vai me contar a verdade por que vem me seguindo, ou não?

- Podemos nos sentar? (Azareel pediu gentilmente.) Janir, concordando, sentaram-se ao pé da árvore.

Ali sentados, vendo-a de perto, contemplou seu rosto lindo em toda a sua plenitude: Olhos redondos cor-de-amêndoas; rosto pequeno e meigo, cílios longos, lábios bem torneados e vermelhos. Olhando assim de perto, ela era ainda mais bonita, e seu coração parecia que ia pular fora do peito.

Um sentimento tão extraordinário que jamais experimentara antes.

O mundo poderia acabar ali naquele mesmo instante e não teria a menor importância. Era como se sua alma estivera fora do corpo e finalmente retornara, porque ele se sentia mais vivo do que nunca. Cada partícula do seu ser estava alerta e cheia de energia. Era como se seu corpo inteiro quisesse sorrir. Não só os seus lábios, que ao dizer cada palavra para ela, sorrissem, mas o corpo todo também!

Ela por sua vez, sentiu o mesmo em relação a ele, que era realmente um moço muito bonito. Não era só que era alto e com corpo de soldado, daqueles que lutaram muitas batalhas, mas tinha um rosto bem desenhado; olhos cor-de-mel, que atraía o verde da grama, o balançar das folhas da árvore, o azul do céu; tudo dentro daqueles olhos grandes e exuberantes. O coração e o corpo dela também estavam sorrindo. Era um momento encantador!

Azareel então começou a falar:

- Eu não sei por onde começar, mas desde que a vi na loja do Binui, eu não consigo deixar de pensar em você. Seu rosto ficou como que marcado dentro da minha mente, e eu fiquei curioso a seu respeito, e queria saber mais sobre sua vida, sobre você, as coisas que faz, sua rotina.

- Perguntar-me seria muito complicado, não é? (Indagou Janir.) Ambos riram.

CAPÍTULO 4
JANIR NUMA DIFÍCIL SITUAÇÃO

Binui chegou primeiro ao seu estabelecimento. Havia alguns fregueses que o menino tentava servir, mas ele ainda estava em estado de choque. Atendeu uma freguesa sem mesmo prestar atenção no que estava fazendo.

Estava atônito, não porque Azareel fizera contato com Janir, mas o que o assustou mais era o fato de que Simeia vira a mesma coisa que ele. E isso não era bom. Aquela mulher lhe causava calafrios e isto era um mau sinal.

Depois que ele entrou no seu comércio viu Simeia passar apressada e ofegante. Logo atrás dela as duas amigas de Janir, com passos apressados também. A impressão que dava era que elas agora estavam seguindo Simeia.

- Deia, aquela ali não é a dona Simeia?

- Sim, ela mesma! Mas ela não deveria estar

tomando conta do pai da Janir?

- Ela parece apressada! (Disse Tara.) Será que Janir saiu de casa sem que a tia dela tivesse chegado?

- Não, Janir não faria isso - deixar o pai dela sozinho, sem ninguém por perto?

- Mas você viu Janir conversando com o israelita? Eu mal acredito no que vi! (Disse Deia.)

- Claro sua tonta, é claro que vi!! Nós estávamos juntas! Mas devo admitir que me surpreendeu!

- Mas não foi incrível que ela finalmente o confrontou? Mal posso esperar para que ela nos conte tudo! (Declarou Tara.) E continuou:

- Deia, você acha que ela já vinha mantendo conversações com ele há algum tempo e não quis nos contar?

- Não, acho que hoje foi "o dia!" (Deia estava com um sorriso enorme no rosto.)

Simeia chegou na casa de Janir quase sem fôlego, não costumava andar assim tão rápido.

Entrou, sentou-se e pediu um copo de água.

Sua amiga a serviu.

O irmão não quis esperar:

- Então, viu alguma coisa?

Ainda tentando recuperar o fôlego, respondeu: - Sim, é verdade, tem um israelita atrás de Janir!

O pai deu um murro na mesa e exclamou: "Eu sabia! Eu sabia!!!"

- Ele está sempre no comércio do Binui. Acho que são amigos. Já ouvi falar sobre ele, possui um negócio de lãs. Tem até um sócio. Parece que está bem de vida.

- Não estou interessado se ele está bem de vida, Simeia! O que realmente me interessa é se ele está seguindo Janir. Você tem certeza?

- Ele a seguiu até o lugar onde ela sempre leva os animais para pastar. Ela estava debaixo da árvore e ele veio por trás. De repente Janir se vira e começa a falar com ele! Entrei em pânico porque pensei que ela iria me ver! O que foi estranho também é que as amigas da Janir estavam logo atrás do israelita, e quando Janir se virou para ele, elas, como eu, ficaram paralisadas! Mas eu me virei e corri para cá. Espero que elas não tenham me visto!

- E a Janir? Ela lhe viu??? (A mulher que Simeia trouxe para ajudá-la quis saber.)

Simeia lançou um olhar desaprovando o interesse da mulher naquela conversa, mas respondeu:

- Espero que não tenha me visto. Saí do lugar o mais rápido que pude para não ser notada!

- Bem, espero que ela tenha dito poucas e boas para aquele israelita! Onde já se viu seguir minha Janir!

Arah, pai de Janir, estava estarrecido com aquela nova situação. Não sabia ao certo o que fazer, se tinha motivos para se preocupar, ou não.

Mas Simeia era uma mulher prática e esperta. Enquanto via seu irmão desesperado e confuso, ela, por sua vez, estava construindo um mundo novo para Janir, com a possibilidade de ela ser incluída nele!

Às vezes é muito tentador desenhar o destino dos outros e construir a felicidade alheia com base na sua própria expectativa e experiência, no que preencheria o seus próprios anseios frustrados, com as realizações dos outros.

Simeia estava traçando a teia. As presas já tinham caído lá na beiradinha; era só esperar a oportunidade e pronto! Seu irmão não pensava no futuro. Para ele a vida podia ser a mesma até seu último suspiro. Ele não enxergava um palmo adiante do nariz, não porque era cego, mas porque não entendia como as coisas funcionavam. Ela, porém, estaria por perto. Precisava ter paciência, acalmar seu irmão, e conseguir arrancar de Janir o que de fato estava acontecendo. Então saberia o que fazer. Aliás ela sempre sabia o que fazer! (Era como pensava sobre si mesma.)

O pai de Janir sentiu-se indisposto. Tentou levantar-se para ir deitar-se, mas quase caiu; estava com náusea e queria que Janir chegasse logo. Ao mesmo tempo estava inseguro sobre o que falar com ela. E se ela não tivesse dado uma boa bronca no atrevido do israelita? E se ao invés disso... Não, não queria nem pensar em outra possibilidade.

Simeia avivou a brasa do fogo. Ia esquentar água para fazer um chá para seu irmão com ervas que mandou sua amiga buscar no quintal. Levou-o para o quarto: "Acalme-se, homem, não é o fim do mundo! Deixe que eu resolvo tudo com Janir, você está muito perturbado para falar com ela. Deixa que eu cuido de tudo!"

- Eu vou tentar me controlar. Você é mulher, você fala com ela!

Arah agarrou nas vestes de Simeia e trouxe-a para bem perto de si: "Simeia, isso, seja lá o que for, tem que acabar! Você entende?"

- Sim. Não se preocupe. Agora deite-se, que eu vou lhe trazer um chá. Janir está para chegar.

Janir entrou pelo portão com seus animais, feliz da vida, tão brilhante quanto o sol. Talvez seja exagero, mas ela estava realmente brilhando. Suas amigas entraram logo atrás dela.

- Janir! Janir! Podemos conversar com você?

Surpresa em vê-las, não estava com nenhum desejo de falar com elas, especialmente ali onde seu pai poderia ouvi-las.

- Ah, agora não vai dar. Minha tia tem que ir embora e eu estou um pouco atrasada.

- Nós sabemos porque você está atrasada! Ficou um pouco mais debaixo da árvore do que de costume, não foi? (Disse Deia com um sorriso maroto no rosto.)

Janir sentiu um estalo dentro da sua cabeça: "Minha nossa! Essas duas nos viram!!!"

Puxou-as pelos braços, levando-as até à frente da casa perto do portão, e falando o mais baixo que podia, implorou que fossem embora, e que depois conversariam.

Mas Tara não aguentaria esperar. Queria qualquer palavra por parte de Janir, sobre sua conversa com o israelita. Não iriam dormir sem que soubessem pelo menos uma coisinha que fosse do que acontecera naquela tarde.

Janir viu que não iria ter como evitar.

- Então, como vocês duas provavelmente já sabem, eu confrontei o 'israelita!' Pronto, falei!

As duas pularam, "Sim, nós vimos!"

- Vocês duas não têm o que fazer? Precisam arrumar outra ocupação que não seja cuidar da minha vida!

- Janir, querida, nós não temos vida! (Atestou Tara.) "Além do mais, não acho que hoje foi 'o dia' que você confrontou o israelita!"

- O que você quer dizer com isto? (Indagou Janir, sem entender.)

- Ora, você sai de casa, deixando seu pai

sozinho, porque obviamente sua tia estava atrasada; então a conclusão é que você não queria deixar o israelita esperando! Tinha encontro marcado! E me diz que essa é a primeira vez que fala com ele?

- Deixei meu pai sozinho? Vocês estão ficando malucas? (Janir não estava entendo o que elas queriam dizer com aquilo.)

- Nós vimos sua tia correndo para sua casa, e suspeitamos que você não quisesse esperar por ela, para ir se encontrar com o israelita, e que deixou seu pai sozinho, sim! (Afirmou Tara.)

- Eu não deixei meu pai sozinho! (Respondeu Janir realmente brava com suas amigas.) "Estão vendo aquela mulher que está no fundo do quintal?" (As amigas de Janir então notaram a mulher.) "Ela veio com minha tia antes..." (Parou de falar e agora fazia gestos com as mãos, apontando para a porta da sua casa, uma mimica, que suas amigas se entreolharam, sem entender nada.) Mas Janir de repente entendeu tudo, seu corpo amoleceu; suas amigas a seguraram.

- O que foi Janir? Você está bem? (Quis saber Deia.)

Janir, falando ainda mais baixo, praticamente mastigando as palavras, contou que provavelmente sua tia viera com sua amiga justamente para segui-la. Quis saber mais detalhes; se elas por acaso viram a tia dela em algum outro momento, senão quando vinha em direção à sua casa. As duas confirmaram não tê-la visto antes, e que elas viram quando Janir passara e Azareel se pôs a segui-la, e elas já esperando por isso, também começaram a segui-lo, e quando elas viram que Janir virou-se e surpreendeu Azareel, ficaram com medo de serem vistas; viraram as costas e deixaram o lugar. Foi então que de uma certa distância viram Simeia andando apressadamente em direção à casa de Janir, então deduziram que Janir havia deixado seu pai sozinho, porque definitivamente

Simeia não estava com ele.

Janir sentiu-se mal. Era como se de repente se sentisse desidratada; precisava de água. Foram até o poço, que havia ali perto. Não queria entrar em casa naquele momento. Deia tirou água e deu de beber à Janir, que estava pálida. Suas amigas estavam assustadas.

- Você acha que seu pai ouviu nossa conversa naquele dia quando pensávamos que ele estava dormindo e acabamos lhe causando um problema?

- E agora o que nós vamos fazer? (Tara estava preocupada.)

- Nós? Eu é que tenho que estar preparada para o pior! Vocês conhecem meu pai! E se minha tia me seguiu, imagino que vai falar para ele. O que eu preciso agora é pensar exatamente o que eu devo dizer!

- Diga a verdade: "Que um certo israelita está lhe seguindo, e que você o botou pra correr!" (Disse Deia pensando que seria a solução perfeita.)

- Perfeito! (Exclamou Janir.) "Nada como a verdade... ou parte dela!"

- Você não botou o israelita pra correr??? (Quis saber Tara.)

- Não exatamente! Conversamos. Falamos de cabras, de horta, de ovelhas, de tosquio...

- Ai que chato!!! (Declarou, enfadada, Deia.)

- Bem, eu vou para casa, e talvez quem sabe minha tia só deu uma saidinha, e nós estamos aqui sofrendo à toa! Eu vou ter que enfrentar essa, não posso ficar aqui neste poço para sempre! (Declarou Janir resignada.)

- Pois é, quem sabe ela não foi ao comércio do Binui comprar alguma coisa? (Tara quis amenizar a situação.)

- Mas nós vimos ela passar em frente ao comércio do Binui, e nem parou! (Falou Deia surpresa que Tara tivesse sugerido aquilo.)

Tara deu uma ligeira cotovelada em Deia, como um sinal para ela de que era a hora de calar a boca.

- Muito bem, nós vamos indo. Espero que

tudo corra bem na sua casa com seu pai. Sentimos muito se de alguma forma nós contribuímos com esse problema. (Tara estava realmente preocupada com Janir, e como o pai dela reagiria se tudo o que elas estavam suspeitando fosse verdade.)

CAPÍTULO 5
O ESCRIBA

Enquanto isso, Binui, com o comércio agora cheio de fregueses, alguns comprando e outros só conversando; muitas vozes ao mesmo tempo. Sua cabeça estava fervilhando. Queria que todos fossem embora, queria ficar só, mas eram fregueses e ele não os podia dispensar. Além do mais, aquela hora do dia era a mais movimentada do seu comércio; era quando ele mais vendia.

Havia um homem que vivia nas redondezas, dormia nas ruas, e às vezes em estábulos e debaixo de árvores. Era um errante, um mendigo. Alguns o chamavam de profeta, mas ele não profetizava nada. Escutava calado o que as pessoas falavam e balbuciando declarava: "Lugar terrível, povo terrível!"

Ninguém entendia o que ele queria dizer com aquilo. Alguns achavam que era por causa dos judeus, outros que era por causa dos samaritanos ou dos estrangeiros que habitavam naquelas bandas e o constante ir e vir de tantas pessoas.

Nunca conseguiram arrancar nada dele. Nenhuma informação sobre o seu passado, de onde viera, porque era só no mundo, se era judeu, samaritano, moabita, cananeu... nada.

Era um homem que mendigava e dormia ao relento. Às vezes vinha até o comércio do Binui e ali ficava horas. Gostava de fazer isto especialmente quando via que o comércio estava apinhado de gente. Ficava ali ouvindo as conversas e pensava que estando Binui distraído podia, sem que ele notasse, comer uma fruta. Binui fingia que não via, pois era um pobre coitado.

Naquela tarde não foi diferente. Assim que passou na frente do comércio do Binui, sentou-se no degrau de fora, bem perto do cesto de romãs, que aliás pareciam apetitosas.

A conversa da noite era sobre a reconstrução das muralhas, outros falavam sobre os desmandos de Sambalate, governador da Samaria, da falta de proteção, da vista grossa que algumas autoridades faziam diante dos ataques contra a reconstrução da cidade, que agora estava até se estendendo a propriedades!

Um dos homens, tentando trazer a conversa para um só assunto, levantou a voz para que todos na loja pudessem ouvi-lo:

- Não entendo o porquê de tamanho antagonismo contra a existência do Templo judeu e da reconstrução dessas muralhas; não vai mudar minha vida em nada. Vou continuar fazendo o que sempre fiz!

Um escriba, que havia recentemente vindo da Babilônia, e que também estava no comércio do Binui, ouvia atentamente a conversa. Então após o comentário daquele homem, fez questão de falar:

- Muito nobre da sua parte não ser mais um a antagonizar com a nossa presença! Nem a reconstrução do Templo, nem as muralhas são de forma alguma uma ameaça para a paz desse lugar! O amigo é de qual descendência?

- Sou moabita. Vi muita gente ir e vir, mas minha vida sempre foi a mesma, e não creio que vai ser diferente desta vez. O Templo é só um edifício que os israelitas usam para adorar seu Deus. Eu tenho os meus dentro da minha casa. Não preciso de um edifício desse tamanho para adorar meus deuses!

Houve silêncio total. Até mesmo o mendigo arregalou os olhos.

Binui pensou que aquela conversa não estava tomando uma boa direção.

O escriba então ergueu a cabeça e olhando para o teto, respirou fundo e disse: "Você se refere aos baalins? Os bonequinhos, que supostamente protegem seus campos, regam suas colheitas com chuva, que fazem seus animais procriarem; que derramam o bom da terra sobre os que os adoram e se curvam diante das estátuas de barro feitas por mãos de homens?"

O homem moabita que estava sentado num velho caixote de madeira, levantou-se abruptamente e encarando o escriba de maneira arrogante, respondeu:

- E o seu Templo? É feito com que mãos?

Fez uma cara bem feia para o escriba e se retirou.

Binui respirou aliviado, pois pensou que dali ia sair uma grande discussão, porém três ou mais pessoas se retiraram sem comprar nada. Binui levantou os braços e disse: "Ainda por cima de tudo, prejuízo!"

- Você não precisa do dinheiro deles! (Exclamou o escriba.)

- Preciso sim! É disso que eu vivo! (Respondeu Binui indignado.)

O escriba ficou estarrecido.

- O que aconteceu com todos vocês? Desde que cheguei, não paro de me surpreender com as coisas que vejo por aqui. Sabíamos que iríamos enfrentar muitos obstáculos quando chegássemos aqui, mesmo com o apoio do rei; mas ele não está aqui para impedir nossos opositores de nos roubar e de nos atacar! Porém, o que mais me aflige é que nosso povo está entrelaçado com as gentes dessa terra. E pior do que isso é que parecem totalmente confortáveis! Inclusive eu vi, com os meus próprios olhos, príncipes de Judá, sumo-sacerdotes, casados com mulheres estrangeiras!

Binui decidiu interromper o discurso.

- Olha! É melhor nós pararmos por aqui. Eu não tenho nada a ver com a vida dos outros!

Binui queria que todos fossem embora, pois tinha sido um dia longo.

Mas o escriba queria falar, era como se ele estivera engasgado, retendo sua indignação. Queria pôr pra fora. Viera da Babilônia pensando encontrar um povo comprometido em retomar sua antiga glória, mediante o fato de que lhes fora permitido voltar. Mas apesar de o Templo estar pronto, as muralhas estarem sendo restauradas e a cidade sendo reedificada, o povo não estava, aos seus olhos, vivendo de maneira a merecer tal bênção.

- Eu vou explicar para vocês, ou melhor, vou relembrá-los, porque vejo que se esqueceram: Primeiro que a adoração dos baalins não é só uma inocente noção de que aquelas estatuazinhas representam Deus, e que têm o poder de abençoar as colheitas, ou fazer seus campos mais férteis. Não, nada disso acontece por causa deles. Isto é uma abominação, segundo o Deus de Israel, que é o verdadeiro provedor de todas as bênçãos debaixo do sol! Todos vocês sabem o que realmente acontece no alto das colinas!

- O que acontece? (Alguém se atraveu a perguntar.)

O escriba então lançou um olhar fulminante para quem perguntou.

- O que acontece??? Não posso acreditar! Vocês estão piores do que eu imaginava! Lá no alto das colinas, escondidos por entre as árvores, e em todos os lugares em que existem adoradores de Baal, eles erguem sua imagem, e lá, entre a sombras das árvores, realizam suas cerimônias: seus cultos. Na presença daquela imagem toda ordem de lascívia e prostituição são realizadas! Não terminando por aí, porque quando suas fazendas não vão bem, quando a seara não é boa e por outras razões bizarras, eles realizam sacrifícios de crianças, que são passadas no fogo! E isto é totalmente aceitável para este povo e seus deuses. Os próprios pais das crianças as oferecem em sacrifício! Vocês entenderam?

O escriba continuou, Agora ele tinha a atenção total de todos:

- Esta foi a razão principal pela qual nossos pais foram expulsos de Jerusalém. Muitos foram mortos e outros feitos escravos pelos babilônios porque essas aberrações foram realizadas pela nossa gente! Diversos de nossos reis que se juntaram a mulheres adoradoras de Baal permitiram que elas infiltrassem os seus baalins até mesmo dentro do Templo! O povo vendo como seus reis agiam, acabaram fazendo o mesmo, submetendo-se a esses rituais insanos e abomináveis!

Todos estavam pasmados. Fazia muito tempo que essa história não era nem mencionada. É lógico que muitos ali sabiam o que acontecia no alto das colinas, mas tentavam ignorar.

O Escriba puxou um caixote e sentou-se.

Binui passou a mão na testa. Estava impaciente. Queria que todos fossem embora. Mas o tal escriba estava ávido para falar. Resignado Binui sentou-se também. Pelo jeito iria ficar ali mais tempo do que queria.

- Vocês precisam entender de uma vez por todas a história do nosso povo. Depois que os descendentes de nosso pai Jacó voltaram para a terra prometida, depois que eles se estabeleceram como nação, passaram por grandes dificuldades. Porém, com a ajuda do Deus de Israel, venceram batalhas, conquistaram progresso e grandeza. Até que aconteceu a divisão entre as tribos de Israel. Tendo Salomão sido um rei que trouxe glória, prosperidade e notoriedade à nossa nação também deixou que o orgulho e o descaso pelo povo e o que acabava impondo sobre eles gerassem insatisfação em seu reinado. O próprio Deus de Israel considerou os atos dele inaceitáveis. Ele fez a mesma coisa que foi feita muitas vezes ao longo da nossa história!

- E o que foi? (Quis saber um dos homens.)

- Eu vou explicar. Prestem bem atenção: O que Salomão fez foi unir-se com concubinas e mulheres estrangeiras, que quando vieram, trouxeram consigo seus deuses. Ele para agradá-las construiu palácios e altares para seus deuses de barro, afrontando assim, com desrespeito, o nosso Deus! Ele achou que porque era rei, estava numa posição que lhe permitia fazer o que quisesse, porém não era assim que deveria ter agido!

Mas declarou um dos ouvintes:

- Mas sendo ele rei e poderoso, certamente se uniu a essas mulheres, filhas de outros reinos, para fazer aliança. Isto é muito comum entre os reis!

- Obviamente é assim que os reis agem. Mas não deveria ser assim que o nosso rei deveria ter agido. Tanto que o Deus de Israel deu as dez tribos para Jeroboão! O profeta Aías profetizou a divisão de Israel, prometendo que Jeroboão seria o líder das dez tribos, e que só restariam para a descendência de Davi, duas tribos: Judá e Benjamim.

- Como que essa divisão aconteceu? (Alguém perguntou.)

Podia-se notar o entusiasmo do escriba. Era uma oportunidade e tanto poder falar ao seu povo, mesmo que fosse para uma pequena audiência.

- Eu vou dar mais detalhes: Quando o rei Salomão ouviu que Jeroboão tinha sido escolhido para ser o novo rei, e que uma profecia havia sido feita a esse respeito, tentou matá-lo. Ele conhecia Jeroboão, sabia que ele era um homem reto, pois o havia servido durante seu reinado. Quando Jeroboão se viu ameaçado de morte, fugiu para o Egito, e lá ficou até a morte do rei Salomão. Então voltou. Havia um descontentamento muito grande por parte das dez tribos em relação ao jeito que o reino era administrado e o jugo que era imposto sobre as dez tribos. Jeroboão então reuniu os anciãos, e foram falar com o novo rei, Roboão, filho do rei Salomão. Eles queriam se unir como povo, queriam que suas cargas fossem aliviadas, que o novo rei considerasse diminuir os tributos impostos às dez tribos, unificando o reino. Mas apesar de os anciãos aconselharem Roboão a aceitar a unificação, na sua inexperiência, preferiu ouvir os conselhos dos seus amigos.

- E o que ele fez?

- Ele declarou que se o pai dele tinha sido austero com eles, que esperassem para ver o que ele iria fazer. Que se eles consideravam seu jugo pesado, ele o iria tornar mais pesado ainda. E assim, com essa atitude, a divisão entre nosso povo ficou definitiva. Criou-se o reino do sul, com as tribos de Judá e Benjamim, e o reino do norte, composto das dez tribos.

- Ah, então foi assim que as coisas aconteceram!

- Sim, mas tem mais. Estando o Templo em Jerusalém, Jeroboão começou a temer que o povo, que tinha que ir até lá para adorar e oferecer sacrifícios, acabasse se voltando contra ele e que fossem atraídos pelo reino do sul, e terminasse até matando-o por isso. Então ele teve a ideia de construir bezerros de ouro. Pôs um em Betel e outro em Dã. E ali ofereceu sacrifícios. Tentou convencer o povo de que era muito trabalhoso ir até Jerusalém para adorar, e que isto poderia ser feito ali mesmo. Daquele dia em diante muitas coisas aconteceram. Isso acabou por trazer grandes tribulações para o nosso povo como um todo. Tanto para o reino do sul, quanto para o reino do norte.

Muitos profetas foram enviados para tentar chamar o povo ao arrependimento, por causa das muitas faltas de ambos os lados. Havia uma rebeldia declarada contra os convênios e estatutos que o povo israelita havia feito com o Deus de Israel desde o tempo de Moisés. Constituíram para si falsos profetas, porque não queriam ouvir as denúncias dos profetas verdadeiros. Adoravam imagens de escultura, essas mesmas que muitos aqui adoram, e se envolviam em seus rituais obscenos.

Um dos homens que estava de pé, perto da saída da loja, quando ouviu isso se retirou. Todos olharam para ele que saiu sem se virar para trás. O escriba ficou olhando o homem se distanciar, e assim olhando fixamente, como se estivesse vendo a história passar diante dos seus olhos, continuou: "Tivemos muitos reis bons, até maravilhosos, mas outros escolhendo o mal caminho, tornaram-se adoradores dos baalins, oferecendo sacrifícios a esses deuses. Faziam uso de encantamentos, recorriam a espíritos familiares e adivinhos. Chegaram até a passar seus próprios filhos pelo fogo iniciatório do deus Maloque! A coisa chegou a tal ponto que por medo dos outros reinos, eles concluíram que adotar seus deuses faria com que esses reinos não desejassem tentar conquistá-los e destruí-los. Não confiaram no Deus de Israel, que poderia protegê-los como havia feito tantas vezes antes. Chegaram ao cúmulo de permitir que uma forte facção egípcia que existia em Jerusalém, introduzisse o culto de animais do Nilo, chegando mesmo a transformar uma grande sala do Templo em capela para adoração e serviços! O culto ao sol do oriente encontrou igualmente guarida nos átrios do Templo!

O Deus de Israel tentou através de muitos profetas, avisar que toda aquela desobediência iria lhes custar muito caro. E nós sabemos, o preço que pagamos. Primeiro os Assírios, com sua incomparável brutalidade, atacaram o reino do norte com mão de ferro. Os Assírios excediam todos os aspectos em termos de barbarismo quando atacavam uma nação. E não foi diferente quando atacaram as dez tribos. Era seu costume quando invadiam, queimar toda a vegetação existente e pilhar tudo o que pudessem; era uma nação governada por guerreiros. Seu exército era sua força, com seus carros de combate, armaduras, sapadores e mecanismos de assédio. Eles eram muito eficientes nos seus combates. Causavam terror quando ameaçavam atacar. Os soldados recebiam seu pagamento por cabeça decepada. Aos nobres que eram derrotados, cortavam-se-lhes as orelhas, narizes, mãos, pés, ou então eram lançados de altas torres, ou eram decapitados junto com seus filhos, ou ainda esfolados vivos, ou assados sob fogo lento."

- Ohhhhhh! (Foi a expressão geral de todos os que ouviam atentamente aqueles relatos.)

- É, eram horríveis! E foi esse povo que atacou o reino do norte. E cem anos depois chegou a nossa vez, o reino do sul, pelos Babilônios. E tudo por quê? Eu pergunto.

- Porque desobedecemos deliberadamente o Deus de Israel! (Declarou Binui.)

- Sim, duas histórias tristes de um mesmo reino, dividido pelo orgulho, e como você disse Binui: "desobediência!" Vejam como estamos agora! Esta região é como um caldeirão fervente, cheio de ingredientes diferentes e contraditórios. Uns estão engajados na reconstrução e dispostos a dar tudo de si, para que tenhamos sucesso, mas outros, nem tanto. Está tudo muito intrincado, como um novelo de lã de muitas cores, que tem que de alguma forma ser desenrolado e refeito.

Os homens que ouviram as palavras do escriba, balançavam a cabeça concordando com ele. O escriba estava certo. Havia uma razão pela qual era importante que o povo não deixasse que aquelas crenças entrassem em suas vidas e os afastassem do seu Deus, dos mandamentos e dos convênios sagrados. Se existia um povo que conhecia milagres era o povo israelita, porque foram libertos da escravidão no Egito, que um mar se abriu diante deles, que foram guiados no deserto de dia por uma nuvem de fumaça e de noite por uma coluna de fogo, que maná desceu como orvalho para alimentá-los, que água brotou de rochas, que batalhas foram vencidas de maneiras espetaculares, e que mesmo depois de eles terem se esquecido do Deus maravilhoso que até então os tinha liderado, mesmo depois de tantos anos, mais uma vez, um grande milagre - o milagre de poder voltar à terra prometida e recomeçar, um milagre que levou 70 anos para se cumprir - aconteceu!

O silêncio era profundo na loja do Binui. O escriba fitou cada um dentro dos olhos.

Todos baixaram o olhar, inclusive Binui.

O escriba então deu meia volta e se retirou.

Então, o mendigo declarou: "Lugar terrível! Povo terrível!" Pegou uma romã, e saiu.

Levou alguns segundos para que Binui se recompusesse. Pediu por favor que todos fossem embora, pois iria fechar seu comércio mais cedo. Foi para o cômodo no fundo do seu estabelecimento, um lugar simples, mas confortável. Deitou-se na cama e respirou fundo, desejando que quando soltasse o ar que inspirara, expulsasse todo o desconforto e a preocupação daquele dia. Que tudo saísse junto com o ar que expirara, e então tudo ficaria bem.

Amanhã seria um novo dia e ele (quem sabe...) esqueceria tudo o que viu e ouviu, mas principalmente o que seu coração sentiu.

O ar saiu dos seus pulmões com força, mas é claro que tudo estava exatamente como antes.

Tinha que admitir, o escriba estava certo e

pensou: "Tanto tempo longe dos mandamentos, dos estatutos e das ordenanças, convivendo com aquele povo tão diversificado, aprendendo a se defender e a sobreviver aos reis e ao seu jeito de reinar, à submissão; tudo aquilo parecia tê-los quebrado em vários pedaços. E agora, de repente, queriam colocar tudo em um só pedaço! Não dá pra fazer as coisas de forma diferente assim do dia para a noite! É impossível!"

Binui tentava auto justificar-se: "Sou só um comerciante; não mando no mundo, e nem posso forçar ninguém a acreditar no que eu acredito!"

Mas o Templo estava pronto, os filhos de Judá voltando para sua terra e era realmente uma bênção para todos os judeus e todos os descendentes de Israel, que deveriam estar andando de joelhos em sinal de agradecimento.

"Existe uma chance de voltarmos a ser o que éramos - uma grande nação!"

Binui começou a pensar consigo mesmo: Que aquele lugar era complicado! E por falar em complicado, lembrou-se do que havia acontecido naquela tarde com Azareel, Janir e Simeia. Recordou-se então de algo que havia acontecido com ele, num passado distante. As lembranças voltaram com tanta força em sua mente, que era como se tudo o que vivera tinha acontecido ontem.

"Eu pensei que havia me esquecido, que nunca mais sentiria meu coração despedaçado de novo...Miriam era tão linda, inocente e foi tão machucada e eu não fiz nada!"

Seu estômago doeu. Sentiu náuseas. Era um covarde. Sim, e só ele sabia disto. Morria de medo que os outros descobrissem. "Oh! Não posso mudar o passado! Não tem mais jeito! E agora Azareel envolvido com aquela gente! Como ajudá-lo?" Binui chorou, então adormeceu.

CAPÍTULO 6
CONSPIRAÇÃO CONTRA JANIR

Quando Janir entrou em casa depois de dispensar suas amigas, estava com o coração temeroso pois, não sabia o que lhe esperava, e nem ao certo, o que estava acontecendo e dizia para si mesma: "Calma Janir, calma!" e repetia a frase em sua mente, para que assim, quem sabe, tivesse algum poder de mudar fosse o que fosse que a esperava.

Já dentro da casa, tentou agir da forma mais natural possível.

- Tia, desculpe-me se demorei um pouco. É que estava conversando com as meninas, Deia e Tara!

- Pensa que eu não sei quem são suas amigas e o nome delas? (Respondeu Simeia, cinicamente.)

"Fiz errado! Fiz errado!" (Pensou Janir.)

- É claro que eu sei que a senhora as conhece; nem sei porque mencionei os nomes delas! Mas pode ir, você e sua amiga. Eu posso tomar conta do pai agora!

Quando Janir acabou de falar, seu pai, tateando as paredes apareceu na porta da casa.

- Pai! (Janir levou um susto.) Você estava lá fora?

- Sim, eu não estava me sentindo bem, tomei um chá, mas não ajudou muito. Achei que tomar um pouco de ar fresco me ajudaria a aclarar as ideias! A amiga de Simeia me ajudou!

Apalpando as paredes encontrou a mesa, então o banco, sentou-se e muito calmamente, falou com Janir:

- Filha, estou com um desejo enorme de comer figos. Poderia ir buscar alguns para mim? Mas não quero os figos que o avarento do Binui vende, são sempre muito velhos e passados!

Janir ia discordar, mas de repente viu a possibilidade de sair dali.

- Ah! Já sei, vou até a casa do homem dos

figos, aquele seu amigo que mora aqui perto. Ele sempre me oferece figos quando passo na frente da casa dele. Não me demoro.

- Então vá depressa, estou com muita vontade de comer um figo suculento!

Janir deu meia volta e foi em busca dos tais figos suculentos.

Simeia, não tirava os olhos de Arah, desconfiando daquele súbito desejo de comer figos. Esperou Janir sair e quis saber:

- O que você está planejando, Arah?

- Lembrei-me do árabe!

Simeia teve que pensar por alguns segundos, então falou alto: "O árabe?"

- Sim, o árabe!

Simeia então falou ainda mais alto: "O árabe?"

- Quantas vezes vamos falar: o árabe? O árabe? Acorda, mulher!

- O que você quer com o velho árabe?

- Não quero nada com o velho, mas com o filho dele. Ele é um pouco mais velho que Janir, eu calculo. É ele que toma conta dos negócios do pai, pelo menos foi o que um amigo meu me falou há alguns anos atrás!

- Você está pensando em vender Janir para o filho, como tentou vendê-la para o pai dele, quando ela era criança?

- Eu estava bêbado!

- Certamente! E se não fosse a mãe de Janir chegar a tempo de intervir, você o teria feito! Simeia então se deu conta de que sua amiga estava lá de pé na porta ouvindo tudo. Ficou desconcertada. Pediu que ela fosse para sua casa, agradeceu sua ajuda e meio que empurrando a mulher para o portão, despediu-a.

Voltou para dentro da casa e disse:

- Você endoidou de vez? Falar essas coisas na frente de estranhos!

- Simeia! O cego aqui sou eu, você podia vê-la, não podia?

- Ah! Está bem... Me fale agora, o que você quer com o filho do árabe?

- Quero que você vá ao mercado de lãs e veja se ele ainda faz negócios por lá. Então com cuidado, ofereça Janir para eles. Ela seria de grande valia nos acampamentos. Ela é trabalhadeira e prestativa; além disso, tem boa saúde!

- Você perdeu o juízo de vez, ou por acaso está bêbado, Arah? Se você se desfizer de Janir, quem vai cuidar de você, seu velho louco?

Arah levantou-se, deu um murro na mesa e gritou: "Eu não sou louco, só sou cego! E não estou bêbado! Mas saiba disto, que nenhum israelita vai chegar perto do que eu tenho! Sou eu (bateu com o punho no peito) que tiro o que é deles, mas eles jamais tirarão o que é meu!

A reação de Arah surpreendeu Simeia. Ela sabia do seu ódio pelos israelitas, mas daí, em troca desse ódio, ficar só no mundo? Porque ele não poderia estar pensando que ela tomaria o lugar de Janir e cuidaria dele para resto da vida. Não, não era um bom plano. Tinha que ganhar tempo e tentar acalmar seu irmão.

- Controle-se, homem! Nós não sabemos se Janir está interessada nesse israelita! Nós temos que descobrir primeiro o que realmente está acontecendo. Eu vou vigiar mais de perto e então nós dois juntos vamos achar uma solução! Amanhã, prometo que vou ao mercado de lãs fazer o que você me pediu. Vou ver se o árabe ou o filho dele ainda faz negócios por lá. Agora vá dormir porque eu vou embora!

- Vai me deixar aqui sozinho? Janir ainda não voltou!

- Foi ideia sua mandá-la atrás dos figos a esta hora!

- Eu não podia falar com você na frente dela, podia? Por isso a mandei sair com a desculpa dos figos!

- Então aguente! Até amanhã! (Simeia saiu.)

CAPÍTULO 7
ENAMORADOS

Azareel, por sua vez, estava literalmente andando nas nuvens. Aquele sentimento era algo tão novo, que a nada podia ser comparado. O rostinho da sua amada, cheio de doçura, estava como que impregnado dentro do seu ser; mas não era só isto, estava dentro dos olhos também; só ela é quem ele via na sua frente. De repente, se deu conta de que a queria por perto todos os momentos; que nada mais importava: se ela era canaanita, moabita, ou adoradora de Baal e ele um filho de Judá! O mundo ao redor, suas leis e regras, o que poderia ou o que não poderia ser feito, tudo parecia perder valor ou significado.

Azareel estava se iludindo, as coisas não eram assim tão simples.

Definitivamente ele pisara em terreno proibido. As emoções se debatiam dentro da sua cabeça; era difícil saber como andar no desconhecido. Não podia negar que isso o preocupava. Não era somente o que sabia que poderia acontecer, mas o que mais o amedrontava era o que ele não sabia!

Não obstante, o amor estava lá dentro, gritando: "Janir! Janir! Janir! Que nome lindo! ... Que moça exuberante!"

Mas, e se ela não tivesse sentido por ele o mesmo que ele sentiu por ela?

De repente, teve pena de si mesmo, e começou a analisar-se:

"Acho que tenho uma boa aparência, sou saudável, tenho meu próprio negócio... ela é perfeita para mim! (Concluiu.)

"Não Azareel!" Dizia sua consciência: "Ela não é perfeita para você, nem você é perfeito para ela, e sua aparência não é tão boa quanto pensa!"

Os pensamentos de Azareel estavam em guerra declarada! Quem venceria? Haveria um termo comum, onde o que era certo e o que era errado fariam as pazes? Poderia ele viver para sempre feliz com sua bela Janir?

Para dormir naquela noite, só dando uma pedrada na cabeça!

Queria silêncio, queria que sua alma ficasse em paz. Só queria lembrar dos bons momentos que passara ao lado daquela formosa camponesa naquela linda e distraída tarde de sol morno e céu azul, que permaneceram quietinhos e sem acusações. Não negaram sua beleza, e até as folhas da árvore fizeram música com o vento. Isso deveria significar alguma coisa.

Era só isso que queria pensar, e então poderia dormir e sonhar que o que vivera naquela tarde poderia acontecer de novo, e tudo em volta poderia ficar calado e deixá-lo em paz!

Janir, por sua vez, estava aliviada por ter saído de casa e ter tido a chance de relaxar um pouco.

Pelo que viu, tudo parecia normal em sua casa: seu pai estava como sempre e sua tia sem qualquer expressão que denotasse suspeita.

Mas ainda não conseguia entender por que Simeia saíra da sua casa deixando aquela mulher tomando conta do seu pai.

Não obstante, apesar de estar curiosa a esse respeito, não ousaria perguntar. Mas o fato é que sua tia saiu e estava em algum lugar, talvez até próximo de onde ela estava naquela tarde. Mas como saber? Talvez estivesse de fato se preocupando à toa. Sua tia estava envolvida com muitas coisas que ela não tinha a menor ideia. Era uma mulher cheia de mistérios e de pouca conversa, sinistra, silenciosa, comprometida na adoração dos baalins, vivia num mundo só dela.

Para Janir, Simeia era uma incógnita. Principalmente quando ela ficava horas calada, sem dizer uma palavra, olhando em direção ao nada; dava a impressão de que de uma hora para outra ela iria explodir e pôr tudo para fora, fosse lá o que fosse que vinha retendo todos esses anos: uma mulher intrigante, e de certa maneira, um pouco assustadora.

Janir também lembrou-se do que acontecera naquela tarde. Lá, bem vívido dentro da sua mente, atrás de tudo o que viveu, desde o momento que ela vira Azareel e suas amigas até aquele ponto, era de tirar o fôlego.

"Janir, Janir. (Dizia para si mesma.) Por mais simples que isto possa parecer, não vejo como poderia dar certo! Meu pai não suporta os judeus. Ainda bem que ele está cego e não pode ver quantos deles chegam aqui a cada dia. Acho que ele morreria se pudesse ver como tudo está mudando! Mas tem tanta gente casada com pessoas de outras raças: têm moabitas, árabes, cananeus, assírios... Oh! Janir, pensando em casamento? Perdeu o juízo de vez?"

"Mas ele é tão bonito!" Com toda a pressão que sentiu desde que voltou para casa naquela tarde ainda não tivera tempo de saborear aquele momento encantador que vivera ao lado daquele tão simpático "israelita."

Ela sorriu e falou em voz alta: "Um israelita!" (Em seus pensamentos continuou) "Tenho vinte e três anos, e já tinha desistido de achar alguém que me quisesse. Sou pobre, tenho um pai cego; não tenho nada. Nenhuma família iria me aceitar. E agora isto, este homem me aparece de não sei onde, um príncipe!"

"O que eu vou fazer? Paro por aqui, antes que seja tarde demais? Mas e se eu parar? E se eu interromper este sentimento que está tomando conta do meu ser? Esta alegria vai morrer e eu vou voltar a me sentir só! Pelo menos agora eu tenho esse doce alento dentro de mim: uma esperança de felicidade, que pode ou não acontecer, não sei... mas como é doce sentir isso!"

Quando Janir voltou para casa, seu pai estava dormindo e não comeu o figo suculento que disse estar com tanta vontade de comer.

Foi uma noite difícil, de emoções diferentes, inesperadas, pela mesma situação: uns sofrendo, outros preocupados, outros felizes, independentemente de tudo.

CAPÍTULO 8
BINUI E SEU SEGREDO

E o dia amanheceu de maneira espetacular: o céu azul, os raios do sol atravessando as nuvens com sua cor dourada, apesar de não serem muitas, a pairar no céu, causavam a impressão de serem carneirinhos flutuando inocentemente sem rumo. O ar fresco da manhã ia enchendo o mundo com um novo dia - um milagre que se repete e a gente nem se dá conta.

Todavia, em muitas ocasiões, coisas que passamos ou que fazemos, nos levam para dentro de nós mesmos e nem percebemos que quando um novo dia desponta, é uma grande oportunidade que temos para recomeçar, consertar o que fizemos de errado, rever ou reavaliar nossos valores, fazer promessas sinceras a nós mesmos de que cada momento vai ser vivido com mais cuidado, para que não passemos o resto das manhãs de nossa vida olhando para dentro de nós mesmos ou para o passado; mas, ao invés disso, desfrutando este milagre que é acordar junto com o sol, e viver aquele dia sem culpa, sem remorso e com apreciação por tudo.

Azareel acordara muito cedo. Dormira muito pouco. Queria compartilhar com seu amigo Binui o seu grande momento quando finalmente conversara com Janir. Mas ao mesmo tempo sabia que Binui era contra ele estar interessado nela. No entanto, ele era mais que um amigo, era como se um pedaço do seu pai residisse nele. Não podia deixá-lo de fora dessa experiência nova que estava acontecendo na sua vida.

Apesar dos seus receios, dirigiu-se à casa do Binui. Bateu na porta com força.

Binui acordou abruptamente. "Quem seria a esta hora?" (Pensando ainda ser cedo. Quando finalmente notou a luz do sol pela fresta da janela, se assustou.) "Ah! dormi demais!"

- Binui! Binui!

Ouvindo seu nome, reconheceu a voz de Azareel, então balbuciou: "Oh! Não! Eu não estou preparado para falar com ele!" Levantou-se e andando meio que atarantado pelo seu pequeno cômodo, tropeçava nos poucos móveis que possuía.

- O que devo fazer? Não quero falar com Azareel agora!

Mas Azareel estava insistente do lado de fora:

- Abra a porta, Binui. Você está bem? Quero falar com você! Abra, você está me deixando preocupado!

Binui finalmente abriu a porta, e com um gesto, convidou seu visitante a entrar, mas não disse uma palavra.

Azareel estranhou que seu amigo dormira tanto e com a roupa de trabalho.

- O que aconteceu com você, Binui? Trabalhou tanto ontem que não teve tempo de se limpar e trocar de roupa para dormir?

- Ah! É uma longa história. Mas o que quer aqui tão cedo? Não vai cuidar das suas ovelhas? (Binui queria dispensá-lo e lembrá-lo de suas obrigações. Assim, quem sabe, o tempo que passariam conversando seria diminuído.)

- Você não sabe o que aconteceu ontem! (Exclamou Azareel, com a novidade na ponta da língua.)

- Você e Janir se falaram! (Respondeu Binui, deixando Azareel perplexo.)

- Como sabe disto?

Binui sentou-se na cama, bocejou algumas vezes, não estava animado para falar com Azareel, mas sabia que não tinha como escapar.

- Ontem quando Janir estava levando seus animais para pastar como sempre faz, vi quando você começou a segui-la. Aliás, todo o vilarejo, a essa altura, já sabe que você anda seguindo Janir!

Azareel começou a ficar preocupado. Veio contar uma grande novidade para seu amigo, mas ele parecia ter uma novidade ainda maior que a dele.

Vendo Binui a cara de preocupação de Azareel, pensou consigo mesmo: "Agora eu vou assustar esse moço pra valer!" Então continuou:

- Mas não foi só isto que eu vi! (Fez uma pausa, queria causar pânico no seu amigo, queria que suas palavras fossem absorvidas de tal maneira que não haveria nenhum equívoco - de repente, não estava mais com pressa.) Atrás de você, também estavam as amigas de Janir. Elas estavam seguindo vocês! Mas logo atrás delas, eu vi a velha Simeia, tia da Janir!

Esperou Binui então pela reação de Azareel, que estava sentado num banco. Levantou-se bruscamente, começou a andar de um lado para o outro, passando as mãos pelo rosto.

- Você acha então que ela viu quando eu e Janir nos falamos? (Tinha esperança de ouvir um "não", mas não foi assim.)

Binui, sentindo que estava no controle da situação, contou tudo o que viu:

- Quando suspeitei que ela estava seguindo

vocês, quis ter certeza. Abandonei meu comércio nas mãos do menino que às vezes me ajuda. (Falou isto para mostrar a Azareel o quanto se importava com ele.) Saí atrás de todos vocês. Então eu vi que as amigas de Janir pararam a uma certa distância, enquanto que você já estava atrás da árvore que Janir estava. A velha Simeia também parou, mantendo distância das meninas, e eu fiz o mesmo. Foi quando todos vimos quando Janir se virou e lhe pegou de surpresa! Quando eu vi isso, corri, porque tive receio que ela me visse, e acredito que as amigas de Janir e Simeia pensaram o mesmo, porque quando eu cheguei no meu comércio, logo em seguida, vi Simeia passar apressadamente, e atrás dela vi as amigas de Janir!

Azareel estava boquiaberto com tudo o que ouvira. Pensava que sua vida era, de certa forma, privada, mas agora via que sua simples existência não era só notada, mas acompanhada bem de perto, por mais pessoas do que ele imaginava!

- Então Azareel, o que vai fazer agora? Você não acha que isso que aconteceu é um sinal para você parar com essa loucura de ficar atrás dessa moça?

Azareel olhou para Binui expressando decepção. Esperava que ele tivesse um pouco de compaixão pelo seu coração apaixonado, mesmo que não concordando.

- Eu não sei exatamente, neste momento, o que fazer a esse respeito. Talvez eu precise falar com Janir e saber se a tia dela comentou alguma coisa, se o pai dela está sabendo, ou... eu nem sei o que eu estou falando! Você os conhece melhor do que eu, devo me preocupar ou o quê?

Azareel estava atordoado, perdido.

- Você tem razão, eu conheço essa gente melhor do que você. É por isso que eu venho lhe alertando!

- Mas eu sinto que preciso falar com Janir e saber dela se houve alguma consequência, nós só nos falamos, nada demais! Será que o pai dela vai fazer alguma coisa que a prejudique, por minha causa?

- Falar com Janir? De novo? Eu pensei que essa situação fosse suficiente para você dar um passo para trás nessa sua aventura! Mas ao invés disso, você quer dar mais um passinho pra frente? Falar com Janir! Falar com Janir!

Binui estava indignado, e continuou:

- Como que você e ela agora têm algo de que precisam tratar juntos? Você tem que entender que esse amor tem pouquíssima chance de dar certo! Você não conhece o pai dela!

- O que você sabe que eu não sei, e que, pelo jeito, eu preciso saber sobre a família de Janir? (Azareel agora estava nervoso com Binui.)

Tropeçando nas palavras, Binui respondeu:

- O pai dela, por exemplo, odeia os judeus!

Azareel riu alto e repetiu as palavras do Binui: "Odeia os judeus?"

- Por favor, me diz algo novo que realmente

me faça desistir do amor da minha vida! Vamos Binui, diga-me se há algo mais: "Além de que o pai dela, junto com a maioria dos que vivem aqui, sentem ódio de nós!" Me diga agora e pare de me enrolar!

Binui, balançando a cabeça negativamente, disse:

- Não tenho nada mais a acrescentar, você é adulto e eu não sou seu pai. Sou só um amigo, que se importa com você e com a pobre Janir. Eu não desgosto dela, mas você não está considerando que pode fazê-la sofrer!

Azareel notou que havia algo mais por trás das palavras do Binui, algo que provavelmente não iria conseguir que ele revelasse. Porém estava determinado em defender o que sentia por Janir.

- Eu não tenho nenhuma intenção de fazê-la sofrer. Eu a amo, Binui. Isto acontece, você sabia? Já amou alguma vez na sua vida?

Binui ficou paralisado, sem resposta. Azareel continuou:

- Desde que eu lhe conheço, você é só. Não tem ninguém para lhe ajudar. Os homens daqui não optam pela solidão. Por que escolhe este tipo de vida? Quem vai cuidar de você na sua velhice?

- Como você é dissimulado! (Declarou Binui.) A conversa era sobre você, e não sobre mim! E sabe o que mais? Eu tenho muito o que fazer, e você tem que ir cuidar dos seus negócios. Agora por favor vá para os seus afazeres! Mas saiba disto: que o mundo inteiro lhe viu ontem conversando com Janir. Portanto, é só esperar e saber o que o pai dela vai fazer com você!

- Eu lhe agradeço por me contar. Eu vou pensar em tudo o que me disse, não pense que não respeito sua opinião, e que me aborreço porque discordamos, às vezes. Isto faz parte. Somos amigos e eu lhe tenho um grande afeto; não me esqueço do quanto foi amigo do meu pai e do meu tio.

Azareel abraçou Binui o que o fez encher os olhos de lágrimas, mas não queria que

Azareel visse isso. Virou-se rapidamente e o despediu.

Azareel queria ir cuidar das suas obrigações, mas sabia que não conseguiria, depois de tudo que ouviu do Binui. Decidiu então passar pela frente da casa de Janir. Talvez a visse do lado de fora, tratando dos seus animais. Iria arriscar, e se a visse, talvez pudessem se falar.

Binui abriu seu comércio e olhando na rua viu Azareel indo em direção contrária do seu estábulo. O que ele disse não penetrou o coração de Azareel; o amor abafou a voz da razão.

Azareel passou na frente da casa de Janir. Não tinha um plano, estava apostando na sorte. Observou a propriedade; outrora o pai dela tinha sido próspero, sua propriedade não era pequena, mas não tinha boa aparência agora, por causa dos anos de abandono. Com a cegueira, Arah, o pai de Janir, não fazia a menor ideia de que sua propriedade tinha ficado em tal estado. Era somente ele e Janir, e ela sozinha não conseguia dar conta de tudo.

Notou que no fundo do quintal havia um pequeno e velho celeiro, perto de onde ela mantinha suas ovelhas e suas cabras. Estava bem velho, meio torto, cheio de frestas; parecia que iria desabar a qualquer momento. Presumiu então que Janir sairia para cuidar dos animais, então, se ele se escondesse dentro daquele celeiro, poderia, sem ser visto, falar com ela.

Entrou sorrateiramente dentro do celeiro e ficou lá de pé no fundo. Procurou uma fresta em que podia olhar na direção da porta da casa da Janir. Percebeu, então, a loucura que estava fazendo. E se ela demorasse a sair? Mais um pouco de tempo, haveria muitas pessoas andando pelas ruas; então como ele sairia de lá sem ser visto?

Havia atrás da propriedade, um campo cheio de arbustos secos e espinhosos. Pensou que talvez pudesse escapar por ali, mas teria que dar uma volta muito grande para chegar ao seu estábulo. Que enrascada! Por que não ouvira os conselhos do Binui?

Começou a ficar ansioso, suas mãos estavam suadas, seu corpo quente de apreensão, aqueles minutos estavam parecendo horas!

O lugar não cheirava bem e estava ficando realmente desconfortável permanecer ali. Estava quase para desistir e sair, quando ouviu um barulho. Olhou pela fresta e pensou: "É Janir, finalmente!"

Foi então que Azareel percebeu que, parado em frente à porta do celeiro, estava o pai de Janir.

Ficou em estado de choque e até parou de respirar. Então lembrou-se de que ele era cego e não podia vê-lo. Mas poderia sentir sua presença. Ficou assim imóvel, paralisado, esperando os acontecimentos. O pai da Janir usava uma vareta, e tateando o chão, estava quase dentro do celeiro.

Azareel sentiu o sangue de todo o seu corpo ir para os pés, pois não conseguia se mover.

Mas, de repente, Janir segura o pai pelo braço, e ela notando um vulto no fundo do celeiro, gritou.

Seu pai assustado, quis saber o que acontecera.

Azareel temendo que ela gritasse de novo, veio para frente, onde havia mais luz para que ela o reconhecesse. Vendo que era Azareel, se conteve e disse que gritou porque pisara numa pedra. Ainda nervosa com aquela situação, levou seu pai de volta para dentro da casa. Fazendo gestos com as mãos para que Azareel ficasse onde estava, levou Arah prometendo trazer leite das cabras para seu desjejum.

Voltou imediatamente ao celeiro, e lá estava Azareel (mais apavorado do que nunca), porque agora ele tinha que ter uma boa explicação.

- Janir, me perdoe por ter vindo aqui, (as palavras saíram com dificuldade) e ter-me escondido assim desse jeito! (Queria sair correndo.) Mas eu vim porque queria ter certeza de que você estava bem!

- E por que não estaria? (Replicou Janir, sem entender.)

- Eu vim há pouco da casa do Binui e lá eu soube que sua tia Simeia nos viu ontem enquanto conversávamos ao pé da árvore! Binui viu que ela nos seguia e a seguiu. Então viu quando ela apressada, na volta, passou em frente seu comércio em direção à sua casa!

Aquela era a confirmação de todas a suspeitas de Janir, mas ela precisava ouvir, só não sabia que seria através de Azareel.

- Eu suspeitei que foi isso o que ela fez ontem. Talvez você não saiba, mas minhas amigas também estavam nos seguindo, e elas me contaram que viram minha tia, e pensaram que eu tinha deixado meu pai sozinho, e tinha um encontro marcado com você, uma loucura! Mas não foi assim, minha tia apareceu com uma amiga, coisa que nunca fizera antes, mas eu nem me preocupei, vejo agora que ela tinha algo em mente, queria me seguir e não queria deixar meu pai sozinho, mas por quê?

Janir estava nervosa.

- Eu fiquei preocupado com você, por isso me coloquei nesta situação, aqui dentro deste celeiro e quase que seu pai me pegou! Ambos riram, aquilo era patético.

- Não sei o que lhe dizer, ontem depois que voltei, tudo parecia normal. Meu pai teve um súbito desejo de comer figos. Fui até a casa do amigo dele, que me deixou colher alguns, e quando cheguei em casa ele estava dormindo e minha tia tinha ido embora. Não disseram nada, nenhuma palavra, nem demonstraram qualquer preocupação a meu respeito.

- Binui me contou do ódio que o seu pai tem contra os judeus, e ele sabe da devoção da sua tia por Baal. Ele pensa que isto pode ser um grande impedimento...

- Impedimento para o quê, Azareel?

- Eu... você - nós!

Janir olhou bem dentro dos olhos de Azareel

e disse:

- Eu não sou mais uma menininha. Tenho cuidado de mim mesma desde que minha mãe faleceu. Eu a vi definhar dia após dia, numa imensa tristeza, que eu jamais compreendi. Era uma pessoa bondosa e calada, parecia que carregava o mundo nas costas. Morreu nos meus braços quando eu era ainda menina. Desde então não faço outra coisa senão cuidar do meu pai, da casa, de tudo! Tive que aprender a me defender e sobreviver. Meu pai na verdade é um homem complicado. Você então me perguntaria se eu o temo? E a resposta é sim! Mas também sei que se a vida oferecer para mim, uma única chance que seja de encontrar a felicidade, você pode apostar que eu não vou deixar escapar!

Azareel sentiu o peso da vida que Janir levava, sua solidão e também sua força. Era como que, se em segundos, tudo o que ela vivera, passara diante dos seus olhos. Então num ímpeto, abraçou-a.

Os olhos dela encheram-se de lágrimas. Descansou seu rosto contra o peito de Azareel. Havia encontrado um lugar seguro pela primeira vez na sua vida. Uma calma lhe encheu o coração, nada podia estar errado naquele relacionamento. As contradições, o ódio, os abismos, as diferenças, as crenças, tudo perdera sentido e poder dentro daquele abraço. Sentiu que tudo o que passara, era para que chegasse naquele ponto, e passaria por tudo de novo se tivesse a certeza de que aquele momento aconteceria.

Azareel por sua vez ficou extremamente tocado por aquele momento de vulnerabilidade de Janir. Aquela menina agora nos seus braços, precisando da sua proteção e cuidado. Não iria decepcioná-la, não iria fugir. Ela já tinha sofrido a vida inteira. Virar as costas para ela seria a maior das covardias, e ele não era covarde.

Eles tinham se encontrado, não dava para voltar no tempo e mudar isso. E ele nem queria. Poderia ficar abraçado com ela ali o dia inteiro. Não queria soltá-la. Estava feliz como nunca estivera antes.

Mas ela o soltou, ficou envergonhada de ter-se deixado abraçar.

- Não fique assim, Janir! Eu a tenho seguido e lhe observado; tenho sonhado sobre nós dois desde o dia em que pus meus olhos em você pela primeira vez no comércio do Binui. Eu quero lhe proteger, quero cuidar de você, quero ser seu porto seguro, quero acordar todos os dias da minha vida e ver seu rosto, quero amá-la para sempre!

Foi uma declaração de amor que ela jamais pensara ouvir em sua vida.

- Me amar para sempre? É muito tempo, mil anos está de bom tamanho! (E sorriu.)

Foi então que escutaram o pai de Janir gritar seu nome e já estava na porta da casa com sua vareta apalpando o caminho, quando Janir disse para que ele a esperasse, porque ela já estava indo.

Azareel não teve tempo de despedir-se do

jeito que gostaria; enfrentou os arbustos espinhosos e se foi.

Quando Janir se aproximou da porta da sua casa podia ver Azareel tentando se desvencilhar dos arbustos e sorrindo disse: "Esse israelita é um doido!" Mas ela estava encantada por ele.

Seu pai queria saber por que demorou tanto, e onde estava o leite que fora tirar. Janir não tinha leite algum com ela. Desconsertada, saiu com esta: de que as cabras não tinham dado leite naquela manhã.

Seu pai achou estranho, mas não questionou.

CAPÍTULO 9
LEMBRANÇAS DOLORIDAS

Daquele dia em diante, tudo mudou para Janir e Azareel. Era um fato que estavam apaixonados. Não perdiam nenhuma oportunidade de se encontrarem. Procuravam ser cuidadosos, mas com as amigas de Janir no encalço ficava difícil, mas isso não os impedia; mais e mais eles queriam ficar juntos.

Por mais que pensassem num jeito de acertar aquela situação, sem causar um problema com o pai de Janir, não conseguiam achar nenhuma solução que satisfizesse.

Simeia, por sua vez, tinha pleno conhecimento de que os dois se encontravam, mas ela não tomava nenhuma atitude; parecia ignorar. Não se mostrava nem um pouco incomodada que Janir estivesse se encontrando com o israelita.

Quando seu irmão falava sobre o assunto,

ela desconversava, tentava acalmá-lo, dizendo que nada estava acontecendo, que ele não devia ficar preocupado e que ela estava de olhos abertos.

Binui por sua vez escutava Azareel falar de seus sentimentos, de sua felicidade e de seu amor. Morria por dentro, porque via em Azareel tudo o que ele tinha sido um dia, com uma exceção: Azareel estava tendo a coragem que lhe faltou.

Binui amara sim, uma vez, uma moça da região, muito linda. Mas uma tragédia os separou. Bem, ele deixou que a tragédia os separasse.

Nunca se perdoou por ter sido tão covarde e ter-se preocupado mais com sua posição do que com o amor que sentia por ela. A moça fora brutalmente violentada por um homem sem escrúpulos e vingativo. Quando ela foi até sua família e contou o que aconteceu, o pai dela, um homem muito orgulhoso, foi confrontar o homem que fizera tal mal à sua filha.

O homem ridicularizou o pai da moça, dizendo que ela é que se entregara para ele, que eles já se encontravam há muito tempo às escondidas, porque ela sabia que seu pai nunca aprovaria sua relação com ele. Mas que ele decidiu que não mais queria estar envolvido com ela, que ele quis romper aquele relacionamento, mas ela se recusou, então estava inventando aquilo, para ver se o forçava voltar para ela, ou que seu pai tomasse alguma atitude que a vingasse, por ter sido rejeitada.

O pai da moça então ficou em dúvida sobre o que realmente acontecera, por mais que ela jurasse que o que disse era verdade. Daquele dia em diante a pobre coitada viveu num inferno dentro da sua própria família.

Binui que era apaixonado por ela, ficou sabendo do ocorrido. Ele pensou ir até ela e pedi-la em casamento. Porque parte dele acreditava nela, mas também outra parte duvidava, entrou num conflito, ficou sem saber o que fazer.

Demorou demais para decidir, então se soube que ela estava grávida. O pai dela, achando que ela trouxera desonra para sua família, a expulsou de casa. Ela foi atirada na rua. Então o homem que havia causado tamanha desgraça na vida daquela moça, vendo-a nas ruas, ofereceu ajuda. Ela poderia morar na casa dele. Desiludida e em desespero, sem esperança de que seu pai permitisse que ela voltasse para casa, e estando grávida dele, viu-se obrigada a aceitar, o que foi mais uma humilhação para aquela pobre criatura.

Binui assistiu tudo isso e se conteve em resgatá-la. Poderia ter fugido com ela, ter ido para outro lugar, começado vida nova, mas não teve coragem, apesar de já ser homem maduro na época, teve medo. Pensou em sua reputação, pensou no bebê, que não era seu, e como ela já estava amparada, resolveu esquecer.

Do dia para a noite a família da moça desapareceu. E com eles se foram qualquer esperança de perdão ou reconciliação para ela.

Binui por todos aqueles anos deixara esse episódio da sua vida num canto qualquer da sua mente, e se por acaso essas lembranças tentassem ocupar o palco da sua consciência, ele fechava as cortinas.

Azareel e seu amor agora o fazia lembrar constantemente dessas coisas que pensara haver enterrado fundo dentro da sua alma. Não gostava quando olhava para dentro de si mesmo e via o que tinha feito. Podemos escolher, conscientemente ou às cegas, o que fazer e como, não importa, porém, o que não escolhemos são as consequências; elas vêm, de um jeito ou de outro.

O tempo revela a verdade, e dela não escapamos, não há camuflagem, ou racionalização que seja suficientemente forte para abafar a justiça. O sofrimento de Binui era justo, não havia outro jeito de lembrar, sem que doesse.

Então era ir em frente. Seguir a vida. Talvez

um dia ele conseguiria se perdoar. Mas aquele dia ainda não havia chegado.

A despeito da preocupação de Binui com seu passado, e Azareel com seu futuro, o dia-a-dia de cada um em Jerusalém também era afetado pelo que acontecia ao redor, acontecimentos esses que preenchiam cada dia com muitas outras preocupações.

O governador Sambalate, da Samaria, não se conformava com a força com que o povo judeu ia crescendo. O Templo reconstruído estava lá, magnífico, um edifício sem igual, um testemunho inquestionável da volta do judeus à sua terra natal.

Mas ele, Sambalate, cheio de inveja e ressentimento, decidiu incendiar todos os portões de Jerusalém.

Ele queria desencorajar qualquer tentativa de uma reconstrução efetiva em Judá.

E assim a fumaça subiu nos céus de Jerusalém para desespero da população.

CAPÍTULO 10
CASAMENTO DO GAZÃO

O dia amanheceu ensolarado com o céu azul e cristalino, apesar de ainda se sentir no ar o cheiro de queimado. Um desastre que ninguém conseguiu impedir, que os portões de Jerusalém fossem destruídos daquela maneira, mas a vida continuava. Tinha que ser assim.

Gazão casava-se hoje.

Azareel teve que cuidar das ovelhas sozinho. Passou pela casa de Janir. Iria tentar fazer isto sem chamar atenção; talvez ela estaria do lado de fora cuidando dos seus animais ou da horta, quem sabe? De preferência seria ótimo se ela não o visse. Só queria dar uma olhadinha de longe nela. Sentia-se estranho naquele dia. Talvez fosse por causa do casamento do seu amigo. Ele estava feliz por ele. Azareel o admirava. Gazão sabia que ele estava se encontrando com Janir, mas não o criticava.

A família do Gazão estava diretamente envolvida com os oficiais do Templo. Eram bem restritos quanto às suas amizades. Azareel sabia que não haveria a menor chance de ele ir ao casamento acompanhado de Janir. Eles iriam considerar isto uma afronta; não entenderiam, e Azareel não queria causar nenhum constrangimento ao seu amigo, logo no dia mais especial da vida dele.

Azareel havia comentado com Janir sobre o casamento. Notou um certo ressentimento nos olhos dela quando percebeu que não a levaria. Mas ela não disse nada; mudou de assunto. Ele passou pela casa, mas não teve sorte; não viu Janir.

Deia e Tara foram visitar Janir. Gritaram seu nome para que saísse da casa.

Janir saiu apressada querendo saber do que se tratava e quando viu as duas convidou-as para entrar, mas elas recusaram, queriam falar a sós com Janir.

Quando Janir se aproximou delas, Tara

perguntou:

- Não vai com Azareel ao casamento do Gazão?

Janir baixou a cabeça e respondeu com um tímido "Não!"

- Eu sabia! (Replicou Deia.)

- O que você quer dizer com isto? (Quis saber Janir, mas não esperou a resposta e continuou.) Você sabe que Gazão é uma boa pessoa, mas a família dele tem cargos importantes no Templo; eles não se misturam. Eu não culpo Azareel por não me levar com ele à cerimônia. Eu mesma iria me sentir constrangida lá.

- Está bem, Janir, não precisa ficar assim angustiada. (Tara ficou preocupada com Janir.)

Mas Deia queria falar, e não iria parar até colocar tudo para fora:

- Está bem? (Deia repetiu as palavras, com desdém.) Isto não está certo coisa nenhuma! Esses israelitas vêm atrás da gente e depois agem como se quisessem nos esconder do mundo! Vão lá para suas cerimônias de adoração, para as festividades, fingindo que não existimos! Não acho isso certo!

Janir estava se sentindo muito desconfortável com aquela conversa. Era algo que ela não podia mudar. O que sentia por Azareel era forte demais. Parecia ter vida própria e era aquele sentimento dentro dela que ditava os seus atos. O coração tinha tomado conta.

Era estressante sentir que tinha que dar explicações às suas amigas; explicações essas que ela não tinha para dar. Uma coisa tão simples como um homem e uma mulher se amarem não era simples de maneira alguma, dava a impressão de que precisavam da permissão do mundo todo!

Janir respirou fundo e disse:

- Veja, Deia, eu sei de tudo isso que você acabou de falar, não é novidade para mim. Mas se você veio até aqui esperando que eu fique irritada com Azareel, ou que num impulso eu resolva aparecer no casamento do Gazão sem ter sido convidada, vou lhe dizer agora de uma vez por todas - isto não vai acontecer!

- Mas eu não quero isto, Janir! (Respondeu Deia um pouco envergonhada.)

- Você quer o quê então? (Tara fez a pergunta.)

- Ah! Vocês não me conhecem! Só queria desabafar! E para ser honesta eu até pensei que Azareel fosse diferente, mas fiquei decepcionada!

- Eu sinto muito que ficou "decepcionada", mas isto não tem nada a ver com você, não sofra por mim, eu não estou sofrendo. (Janir queria que elas soubessem que ela estava conformada.)

- Vamos embora, Deia. Já aborrecemos Janir demais e ela deve estar ocupada.

Tara puxou Deia pelo braço, disseram adeus e saíram.

Janir ficou olhando as duas se distanciarem. Estava triste, não podia negar; voltou então para os seus afazeres.

O casamento do Gazão foi simples e singelo; o dia estava lindo, uma tarde perfeita.

Ao assistir à cerimônia e ouvir as palavras proferidas, estar perto do seu povo, e observar o seu jeito de ser, despertou em Azareel um sentimento que o incomodou. Vendo Gazão com sua esposa, rodeados dos seus familiares e amigos, sorrindo, extremamente felizes, Azareel imaginava em seu coração se algum dia poderia sentir aquilo também. Havia paz, tudo parecia tão harmonioso; eles estavam vivendo o que acreditavam, e da maneira como acreditavam.

De todas as vezes que se encontrara com Janir, nunca falaram sobre suas crenças, nem mesmo uma única vez.

Gazão notou em seu amigo uma expressão de tristeza; aproximou-se dele e quis saber:

- Então, não está feliz com o meu casamento? Está aí, parado como uma estátua, olhando para o chão!

Azareel, então reagiu como se tivesse acordado de um transe, se recompôs, sorriu e abraçou seu amigo. "É lógico que eu estou feliz! Não conheço ninguém que mereça essa felicidade mais do que você!" (Abraçou Gazão com sinceridade.)

Aquele era um dia importante para seu amigo e não tinha o direito de estragá-lo por causa dos seus conflitos pessoais. Um pouco mais tarde Azareel vendo que Gazão estava distraído, retirou-se sem se deixar perceber. Também estava preocupado que alguém viesse até ele para saber se tinha planos para se casar, não saberia o que dizer.

Foi até seu estábulo para dar uma olhada nas suas ovelhas. A noite estava caindo e o pôr do sol avermelhava o horizonte.

De repente, escutou alguém chamar seu nome; era uma voz conhecida.

- Eu o vi no casamento, mas quando procurei você, não o encontrei mais. Por que foi embora tão cedo?

- E como você adivinhou que eu estaria aqui, Binui?

- Não é preciso ser adivinho, eu lhe conheço, estava lhe observando lá no casamento. Agora me diga por que saiu tão cedo de lá!

- Eu estava preocupado com as ovelhas, então resolvi sair antes que escurecesse, para dar uma olhadinha se tudo estava bem. (Falou olhando para o horizonte, não diretamente nos olhos do Binui.)

- Não acredito que estava preocupado com suas ovelhas. Vamos, fale a verdade, pode se abrir comigo. Eu vi sua tristeza, mas você estava entre amigos, você conhece todos os que estavam lá, e a família do Gazão lhe preza muito. Se me recordo corretamente, até queriam que você se casasse com a irmã mais velha do Gazão!

Azareel, sorriu. "É! Eles até ofereceram um dote substancial para mim se eu me casasse com ela, mas não iria dar certo!"

- Para lhe ser sincero, nem eu... nem que me dessem mil ovelhas de dote! (Replicou Binui, dando uma gargalhada.)

- No meu caso nem cem mil! (Exclamou Azareel.) Então fez uma pausa e completou: "Mas se fosse Janir...para tê-la ao meu lado eu é que daria todas as minhas ovelhas, tudo o que tenho!"

- Ah, Azareel, meu amigo. Para ter Janir do seu lado, você provavelmente vai perder tudo o que tem. (Binui não era homem de meias palavras.)

Azareel encarou Binui e em seu rosto demonstrou ressentimento pelo que acabara de ouvir.

- Meu coração está suficientemente esmagado, Binui. Agora há pouco, lá na festa, com toda aquela gente, nosso povo, foi reavivado dentro de mim uma chama que estava quase que se apagando. Foi muito bom, mas ao mesmo tempo, quando eu tentava encaixar Janir, não conseguia. E só de pensar em me afastar dela, quebra meu coração em pedaços! Nem posso imaginar não vê-la mais, não escutar sua voz, ou olhar seus lindos olhos cor-de-amêndoas, ouvir sua risada - é um dilema tão profundo... (Olhando para o céu, Azareel apontou para cima e continuou.) "É uma guerra entre a lua e o sol!"

- O problema, Azareel, é saber quem nessa história é o sol, porque ele vai vencer, pois é mais forte!

Azareel abaixou a cabeça, e sem olhar para Binui, sussurrou: "Ela é o sol!"

Binui balançou negativamente a cabeça, não havia mais nada a dizer. Despediu-se e se foi. Tinha deixado seu comércio nas mãos do rapaz que o ajudava sempre que precisava.

CAPÍTULO 11
SIMEIA E O MENDIGO

Quando Binui estava caminhando em direção ao mercado, viu algo que lhe chamou a atenção. À distância reconheceu o mendigo que sempre faz ponto no seu comércio, logo atrás de Simeia.

Ela andava apressadamente e olhava para trás, como se temesse que o mendigo a alcançasse. Ele correu e a alcançou, agarrou-a pelo braço e a fez parar.

Disse algo a ela que pareceu tê-la irritado. Ela tentou se desvencilhar dele. Mas ele a segurava firme, e falava bem perto do rosto dela.

Binui apressou o passo, para tentar saber o que estava acontecendo.

Mas o mendigo soltou o braço de Simeia, com tal aspereza que ela quase caiu.

Binui ficou chocado com o que vira, nunca soube que o tal "profeta" fosse assim agressivo. Era um pedinte, mas era sempre calmo e quieto. O que será que deu nele? Binui estava intrigado. Será que estava perdendo o juízo? E agora, iria começar a agredir as pessoas?

Simeia saiu o mais rápido que pôde de perto do mendigo. Ele por sua vez caminhou normalmente.

Binui sentiu-se tentado a alcançar o mendigo e saber do que se tratava e a razão pela qual tinha sido tão agressivo com Simeia; mas ficou com receio de que ele estivesse em algum estranho estado mental naquele momento, e não estava com paciência para lidar com mais um problema, ainda que a curiosidade fosse grande. Caminhou distraidamente e sem pressa para o seu destino e chegando ao mercado, para sua surpresa, viu o mendigo sentado de cócoras em frente ao seu comércio.

Binui entrou olhando para ele de modo desconfiado. O mendigo olhou de volta, encarando Binui, o qual desviou o olhar.

Dispensou o rapaz, deu-lhe uma moeda e

algumas frutas e ele se foi.

Binui então se encheu de coragem e perguntou ao mendigo:

- Que cena foi aquela que eu vi há pouco: você puxando o braço de Simeia, com tamanha agressividade? Nunca vi você fazendo isso com ninguém!

De repente um alvoroço na rua e moleques gritando, "Botaram fogo nos portões de Jerusalém!"

Binui ficou atônito.

- Eu pensei que eles já tinham queimado todos os portões!

- Queimaram. (Respondeu o mendigo.) Eles só querem acabar com o que resta. Lugar terrível, povo terrível!

Levantou-se para ir embora, mas voltou-se para Binui e disse:

- Eu tenho visto seu amigo Azareel pra lá e pra cá com Janir, filha de Arah. Você deveria preveni-lo de que aquela gente é perigosa!

O alvoroço na rua continuava. Mas depois daquelas palavras, Binui sentiu que tudo ficou em silêncio, mal acreditava no que acabara de ouvir.

- O que você sabe sobre eles? E sobre o que devo prevenir meu amigo?

Binui estava extremamente surpreso, que aquele homem, um errante, soubesse qualquer coisa sobre a vida de qualquer pessoa dali, ou mesmo que ele se importasse com quem quer que fosse.

O mendigo pôs a mão sobre o ombro do Binui, olhou diretamente nos olhos dele e disse: "O que eu sei não tem a menor importância, mas o que você sabe pode ajudar seu amigo a não entrar numa enrascada." Virou-se e saiu.

Binui sentiu sua garganta secar. Entrou em sua casa, sentou-se, serviu-se de um pouco de vinho e ficou assim por alguns minutos pasmado com o que ouvira. Como aquele homem que ninguém sabia absolutamente nada a respeito, se atrevia a falar com ele daquele jeito?

Mas lembrou-se que tinha que voltar a

trabalhar. Foi quando notou que o escriba estava lá, no fundo da loja remexendo as frutas. Binui ficou preocupado. O homem tocava em tudo, e isto irritou Binui.

- Em que posso ajudá-lo? Alguma coisa em particular que está procurando?

- Não, exatamente. Você ouviu? Incendiaram o que já estava queimado!

Binui então entendeu que o escriba só queria conversar. Não estava interessado em comprar nada. Felizmente, seu comércio estava vazio; não haveria atritos dessa vez.

- É! Esse Sambalate é incansável! (Falou Binui.) Mas como está a reconstrução das muralhas?

- Meu caro Binui, por mais que nos esforcemos para fazer as coisas correrem como deveriam, tem sempre algo que sai errado. O fato é que nosso povo está tão misturado com as gentes dessa terra, que fica difícil reavivar no coração deles o caminho que todos deveriam seguir como povo; é como se estivessemos escapando pelos vãos dos dedos divinos! Não há unidade ou comprometimento!

- Mas, Senhor escriba, essas pessoas já estavam aqui quando foi-nos permitido voltar; não podemos culpá-los por nos temer. O dia de amanhã não é como era antes, e mesmo para nós é uma surpresa. Ninguém sabe! Eles pensam que podemos expulsá-los do dia para a noite!

- Você está do lado deles?

- Não é isso! Não me entenda mal. Eu estou aqui há muito mais tempo que o senhor, eu tenho convivido com eles todos esses anos! Aprendi a lidar com essa situação. Eu os deixo em paz e eles me deixam em paz!

- Mas esta é a nossa terra de herança! Foi-nos permitido voltar e reconstruir! Nossos valores têm que prevalecer, não os deles! Por exemplo, o Sábado é constantemente violado pelos mercadores; toda a solenidade do Sábado é quebrada com esse vai-e-vem de gentes por todos os lados, o murmurinho nas ruas; é um dia santo, um dia de adoração!

- É, isso é verdade. (Concordou Binui.)

- A razão pela qual estávamos trabalhando tão arduamente na reconstrução dos portões era exatamente para evitar que esse tipo de coisa acontecesse no Sábado. A ideia era fechar todos os portões e impedir esses comerciantes de entrar e fazer a balbúrdia que eles fazem!

Outras pessoas começaram a entrar no comércio do Binui e o escriba então retirou-se.

Passaram-se algumas semanas após o casamento do Gazão. Azareel e Janir continuavam se encontrando. Agora com a ajuda de Deia e Tara, ficava cada vez mais fácil esses encontros acontecerem.

O casamento do seu amigo Gazão mexeu com Azareel. Ele sabia que poderia escolher qualquer moça de sua raça, e não teria problemas. De fato, antes de Janir aparecer em sua vida estava considerando fazer exatamente isto. Arrumar alguém para se casar. Não estava nem mesmo preocupado com quem seria. Mas então Janir aparece com aquela singeleza de alma e com aquela beleza que o enfeitiçava; tudo o que imaginou sobre a vida a dois mudou. Ele a amava e ponto final.

Ele queria se arrepender de ter ido ao comércio do Binui quando viu Janir pela primeira vez, mas não conseguia; porque sua vida agora sem ela seria de um vazio imenso e que nenhuma mulher na face da terra iria ter o poder de preencher. É um mistério que quando uma pessoa se apaixona, imagina que seu coração nunca mais vai ser capaz de amar outra pessoa da mesma maneira, ou mesmo amar de novo. É uma impressão forte na qual se apega para garantir o que se têm e se justificar em continuar mantendo.

Os dois se encontravam, conversavam, riam, dançavam ao som do vento e dos pássaros. Ela voltava para casa pisando em nuvens. Ele sofria pensando em como resolver aquela situação.

Não poderia cortejá-la para sempre. Quando iria encontrar coragem para pedi-la em casamento? E como ele faria isto diante do fato de que o pai dela, de acordo com Binui e a própria Janir, era um homem de natureza hostil? E havia a questão de que ela não era israelita.

Então se justificava: havia muitos homens que eram casados com mulheres 'estrangeiras', isto é, de outros costumes, outras crenças. O neto de Sambalate, por exemplo, era casado com uma das filhas de um sumo-sacerdote que servia no Templo!

Tinha que encontrar forças na fraqueza alheia para ter coragem de fazer o que realmente queria, ou seja, casar-se com Janir, ter filhos com ela e ser feliz!

E depois de casados ela provavelmente o seguiria. Confiava no amor dela por ele, era o que uma mulher deve fazer - seguir o marido e pronto!

"Tenho certeza de que se eu pedir para ela

não adorar aqueles baalins, ela vai concordar!"

Certeza, certeza... não tinha; tudo era possível, os pensamentos ardiam dentro da sua cabeça. Desejo, amor, culpa, era a luta entre o sol e a lua, mas Janir era o sol, e estava consumindo tudo.

CAPÍTULO 12
FESTIVAL DA COLHEITA

Chegou a semana do Festival da Colheita. Era celebrado por muitos dos habitantes daquele lugar. Era um acontecimento pomposo onde as religiões pagãs mostravam toda a sua força. Tudo era muito bem preparado para encher os olhos: muita comida, muito vinho e danças. Era a hora dos adoradores de Baal mostrarem seu agradecimento ao seu deus pelas colheitas, pelo sucesso, enfim, também era quando muitos subiam aos altos das colinas para uma adoração mais particular com seus deuses.

Janir, bem como Tara e Deia, estavam alegres por esta ocasião, mais ainda suas amigas, porque seria uma oportunidade de conhecerem rapazes e quem sabe arranjar um casamento!

No dia anterior à festa, Janir quis saber se Azareel iria à celebração. Sua resposta foi

"Não!" Janir não conseguiu esconder sua decepção.

- Mas por quê? Tanta gente comparece, é tudo tão bonito e alegre!

- Eu nunca participei antes, meu pai e meu tio sempre me proibiram e eu cresci assim, me acostumei a não ir. Nós temos as nossas próprias celebrações, como você sabe e já deve ter visto!

- Sim, é claro! Mas agora faz sentido que eu nunca tivesse visto você antes. Eu sei que os judeus são contra nossas celebrações, mas há muitos, muitos mesmo, que participam e gostam. Todo ano, eu os vejo lá celebrando! Você não precisa se sentir culpado por vir, eu cuido de você! (Janir achou engraçado que Azareel demonstrasse certo constrangimento em participar de uma festa tão popular.)

Azareel ficou um pouco sem graça, não era a imagem de alguém tímido e inseguro que queria que ela tivesse dele.

- E o que você me diz sobre as celebrações

nos altos, nas colinas? (Azareel queria saber quão profundo era o envolvimento de Janir em sua crença. Estava se arriscando, pois ele poderia ouvir o que vinha temendo desde que a conhecera.)

- Eu nunca fui. Minha mãe não gostava dessas celebrações também, as outras esposas do meu pai zombavam dela; me lembro que meu pai dava roupas novas para suas mulheres, mas minha mãe não aceitava. Ele brigava muito com ela. Minha tia vai para os altos, mas eu nunca fui. O que eu gosto é de estar com o povo todo, das comidas e das danças. Vamos Azareel! É tão divertido! Minha tia toma conta do meu pai por algumas horas, e eu posso aproveitar um pouco, então eu volto para casa e ela vai para os altos, não sei bem o que faz lá, penso que ela é um tipo de sacerdotisa, eu acho. Ela não fala comigo a respeito da sua vida e do que faz.

Azareel, ficou surpreso com o que ouvira. Janir lhe pareceu sincera, viu que ela não conhecia muito a respeito dos acontecimentos que tomavam lugar naquelas celebrações, entendeu que ali havia uma brecha, uma oportunidade. Talvez não iria ser tão difícil convencê-la a se converter ao seu Deus. Ficou intrigado que a mãe dela não participasse, e por isso teve esperança de que Janir não tivesse sido contaminada com tudo o que envolvia ser uma adoradora de Baal e outros deuses semelhantes.

- Deia e Tara estão ansiosas, porque todo ano elas têm certeza que vão arrumar um marido!

- Como assim arrumar um marido?

- Ora, como? Arrumando! À noite, em volta da fogueira, todos se juntam e dançam; é como muitos acabam se conhecendo e se casando. Todos os anos elas juram que vai ser a vez delas. Deia acha que vai ser a primeira a encontrar o rapaz dos sonhos. Tara jura que vai ser ela. Você precisa ver aquelas duas! Eu morro de rir com elas!

Azareel sentiu uma pontada no peito. "E agora? E se 'ela' encontrar alguém na festa que a faça esquecer de mim?" (Pensou Azareel estarrecido.)

Como ele poderia deixá-la ir sozinha com aquelas suas amigas doidinhas pra casar? Provavelmente era só sobre isto que falavam e pensavam. E se Janir mudasse de ideia a respeito dele? Sentia pavor só em pensar nisto!

- Pensando bem, Janir, acho que eu vou com você desta vez; não a quero soltinha com essas suas amigas, lhe tentando a me abandonar!

Janir sorriu e o abraçou. Estava envaidecida que ele sentisse ciúmes dela, era claro que não corria nenhum risco, ele não tinha ideia do quanto ela o amava.

- Você não precisa ficar preocupado; ninguém jamais me pediu em casamento nessas celebrações!

Azareel então ao ouvir isto, sentiu os cabelos de sua cabeça se arrepiarem: "Ela falou em casamento!"

No dia do tal Festival das Colheitas, Simeia chegou cedo. Janir já estava pronta, agradeceu por sua tia ficar com seu pai, mas estava preocupada com ele, que não estava se sentindo bem. Passou praticamente o dia todo na cama. Simeia lhe assegurou que ela tomaria conta dele, e que provavelmente era uma indisposição passageira. Ele tinha dessas coisas. Janir então saiu rapidinho, Azareel e suas amigas estavam esperando por ela. Mal acreditava que seu amado iria à festa, e à noite, à luz das tochas, ela poderia ficar tranquila. Ninguém iria notá-la se estivesse ao lado de Azareel. Todo mundo se divertia naquela ocasião, ninguém parecia preocupado com a vida alheia, então estava ansiosa. Ia ser maravilhoso!

Quando Simeia entrou no quarto e viu seu irmão na cama, sob a luz da lamparina, chegou bem perto para se certificar de que ele estava dormindo. Quando se aproximou, Arah disse seu nome: "Simeia!"

- Quer me matar de susto, homem?

- Janir já saiu? (Arah queria saber.)

- Sim, ela acabou de sair.

- Então podemos conversar!

- Conversar o quê, Arah? Janir me disse que você não passou bem o dia todo!

- É, de fato não estou me sentindo bem, estou com dor no peito; é uma dor que vai e volta, parece que aperta meu coração e solta, me sinto esquisito, e isso eu devo a você!

- Como você deve isso a mim? Que culpa tenho eu que não está bem? (Simeia estava surpresa que ele falasse com ela daquele jeito.)

- Já faz tempo; não, já faz 'muito' tempo que eu lhe pedi que vigiasse Janir e descobrisse se ela e o tal israelita estão se encontrando. Também pedi que fosse ao mercado de lã, para se certificar que o filho do árabe ainda faz negócios por lá! Você fez o que eu pedi? Não! Mas alguma coisa você está fazendo, porque Janir está estranha, você está estranha, e as amigas dela também; estão sempre de cochichos, não entram mais aqui como faziam antes, as conversas são sempre lá fora, no quintal, e todos vocês pensam que eu sou tolo, só porque sou cego!

Levantou-se da cama, estava enraivecido. Escorando-se nas paredes, tentava procurar um lugar para sentar-se. Simeia só olhava sem se mover para ajudar. Sentada estava, sentada permaneceu.

- Acalme-se, meu irmão. Você está vendo problema onde não existe. Eu fui ao mercado e eu lhe disse que o árabe que você procura não faz mais negócios por lá. Não é minha culpa que você está caduco e não se lembra!

- Eu não estou caduco! (Gritou Arah com toda a força de seus pulmões.) Estou fraco, me sinto abandonado, não consigo sair mais desta casa, meu mundo ficou do tamanha destas quatro paredes, e as mulheres que me rodeiam, são umas dissimuladas, umas mentirosas! Não vou me surpreender, se num dia desses, vocês me jogarem na rua! Estou vivendo uma vida miserável! E eu sei que alguma coisa está acontecendo e você não quer me contar, mas vai contar agora!

Simeia pôde sentir que a coisa estava séria.

- Eu vou buscar um pouco de água para você!

Quando Simeia voltou com a água, aproximou-se do seu irmão, pegou numa das suas mãos para que ele segurasse o copo. Ele então deu um tapa forte na mão dela, atirando o copo com água para longe.

Simeia que não esperava tal reação, ficou estarrecida.

- Eu não quero água! Eu não quero nenhuma outra coisa de você que não seja a verdade!

- O profeta me procurou!

- O quê?

- É isso que eu disse: o profeta me procurou!

- Você está me dizendo, Simeia; que Bani falou com você depois de todos esses anos?

- Sim!

- Mas o que isto tem a ver com Janir? Não mude de assunto, me fale, ou eu vou lhe achar! (Arah começou a andar em círculos tentando achar Simeia.) Então quando eu lhe pegar eu vou espremer sua garganta até as palavras saírem pelos seus olhos!

- Está bem, seu velho descontrolado, eu vou contar!

Arah, de repente, sentiu-se fraco. Simeia teve que apoiá-lo, levou-o para a cama; ele parecia que estava com falta de ar, estava pálido. Puxou um banquinho e sentou-se ao seu lado. Resignada pela insistência de seu irmão começou a contar o que sabia sobre Janir e o israelita:

- Janir estava sendo seguida pelo israelita, como você já sabe. No começo era só isso, até aquele dia em que Janir o confrontara. Depois disso, eles vêm se encontrando de um modo discreto, mas por mais que eles tentem disfarçar, você conhece esse povo, eu sei que não iria demorar muito e alguém viria aqui para lhe contar, por isso eu vim hoje, decidida a lhe relatar o que está acontecendo. Queria que o soubesse por mim!

Arah ficou lívido.

- Mentirosa! Você não tinha a menor intenção de me contar coisa alguma sobre Janir e o israelita!

- Você não tem o direito de me ofender! Eu acabei de lhe contar a verdade, mas se vai jogar sua fúria sobre mim, eu vou embora agora mesmo e lhe deixo sozinho!

Arah conhecia sua irmã. Sabia que havia algo mais por trás daquela conversa. Ele tinha que se acalmar ou ela não falaria nada mais e ele queria saber tudo. Respirou fundo, mas sentiu uma dor no peito; sua voz saiu embargada:

- Me fale de uma vez por todas, por que você, sabendo de Janir e do israelita e também do quanto eu os quero afastados um do outro, manteve segredo até agora?

- A razão pela qual eu não lhe contei antes é

porque eu esperava que não durasse muito. Mas pelo que tenho visto eles estão cada vez mais perto um do outro!

Arah subitamente levantou-se da cama; era como que uma energia vindo de não sei onde enchera seu corpo. Estava furioso. Começou a andar de um lado para o outro. Simeia teve que segurá-lo, e com esforço, trouxe-o de volta para a cama.

- Eu sabia! Eu sabia! Eu lhe falei para procurar o árabe e você não fez o que eu lhe pedi! Mentiu! Com certeza, você nunca foi ao mercado de lãs para ver se ele estava lá. Você vem acobertando os dois, por quê, Simeia? Por quê?

- Fique calmo, você está descontrolado! Não está vendo a oportunidade que é isto? O rapaz está numa boa situação financeira, e agora mais ainda porque seu melhor amigo e sócio que acabou de casar recebeu muitas ovelhas de dote! Você e Janir são uns pobres coitados! Você só tem essa propriedade, foi o que lhe restou de tempos mais abastados. Mas você perdeu tudo e isso aqui está num estado miserável! Até quando você pensa que Janir vai ficar aqui lhe adulando, lhe cuidando? Se não é hoje, vai ser amanhã que ela vai encontrar alguém. Deixe de ser tolo, e pense que se ela se casar com ele, você vai estar bem para o resto dessa sua vida mesquinha!

- Você é uma mulher odiosa, Simeia. Você não está preocupada com Janir ou comigo, com minha vida "mesquinha". Você está é atrás de algum benefício, tenho certeza! E que garantia você tem que ele vai casar com ela? Ele é um israelita, vai usá-la e jogá-la fora!

- Não me diga que se importa com o destino de Janir, você queria vendê-la para os árabes!

Arah começou então a rir alto.

- Pronto, ficou louco de vez! (Falou baixinho, Simeia.)

- É, a verdade é muito simples. Na realidade, quem quer se ajeitar é você! Está acobertando Janir, para que ela pense que você é boazinha, que quer o bem dela, a "felicidade" dela! Mas o seu passado lhe condena, você talvez viu que arruinou sua vida com o seu israelita, então você quer garantir que na sua velhice você tenha onde depositar seus ossos! Por acaso não tem medo de que Bani conte para Janir sobre as coisas que você é capaz de fazer?

Aquelas palavras enfureceram Simeia, que levantando-se, aproximou-se do seu irmão que ria cinicamente, imaginando que ela estaria se sentindo fragilizada. Mas ela não era uma mulher que se deixava intimidar assim. Chegou perto do seu irmão, agarrou suas vestes e fechando os punhos, puxou seu rosto para bem perto do dela e falou por entre os dentes:

- Bani não tem nada para contar ao israelita, ou à Janir, ou a ninguém! Nesse lugar ele é considerado um maluco que vive de esmolas, um pedinte, um vagabundo! Ninguém daria crédito a nada que ele falasse! E quanto a você, vai ficar bem calado. O meu passado é meu! Assim como o seu é seu e se você acha que não tem nada a perder e resolver abrir a boca, eu prometo que vão ser as suas últimas palavras!

- O que você vai fazer? Me matar?

Simeia tentou se acalmar. Soltou as roupas de seu irmão e ajeitou-as para que não parecessem amarrotadas.

- Essa discussão não vai nos levar a nada! O fato é que Janir está envolvida com esse israelita. Vamos tirar vantagem disto! Não seja cabeça-dura, orgulhoso! Você é cego, pobre, velho, doente - você não tem futuro!

- Eu posso ser tudo isso que você falou. Posso morrer a qualquer minuto, mas não vou permitir que nenhum israelita entre na minha vida de novo e tome o que me pertence! Hoje é a celebração da colheita, as ruas estão cheias de gente, eu vou até lá fora, vou procurar o mendigo. Ele com certeza está no meio dessa festa, atrás de comida, alguém vai me ajudar a achá-lo, e quando eu o encontrar, eu vou me aliar a ele; eu sei que ele lhe odeia. Então nós iremos procurar o israelita e vamos contar para ele sobre você. E quando esse israelita souber o que você fez, vai sair correndo! Não vai querer mais nada com Janir! Minha nossa!!! Como é que eu não pensei nisso antes! Eu não preciso de você pra nada, não preciso da sua ajuda! Eu mesmo posso acabar com este romance de uma vez por todas!

Arah levantou-se da cama e apalpando as paredes tentava achar a porta.

Simeia naquele momento perdeu totalmente o controle. Colocou-se na sua frente e o esbofeteou. Ele investiu contra ela, se atracaram e ambos caíram.

Simeia sentiu todo o impacto do seu corpo contra o chão. Mas a despeito da dor provocada pela queda, ela atacava seu irmão como uma gata feroz. Ele tentava reagir empurrando-a para longe dele, e nessa luta, ele começou a perder o fôlego. Ela estava furiosa e não percebeu que ele não estava mais reagindo.

Ela então se deu conta de que ele estava inerte. Levantou-se rapidamente, e olhava aterrorizada o corpo do seu irmão no chão, paralisado, com a boca aberta. Entrou em desespero, se ajoelhou, agarrou Arah pelas vestes e sacudiu-o. Gritou seu nome; queria acordá-lo.

Mas então viu que ele estava realmente morto.

Soltou um grito de pavor. Começou a andar de um lado para o outro. Não sabia o que fazer.

Foi para a rua, havia muita gente, entrou em pânico. Mas era resoluta e seu instinto era muito forte. Quando voltou para dentro da casa já sabia o que fazer.

Com grande esforço recolocou seu irmão na cama, arrumou sua roupa e o cobriu. Reorganizou o quarto e saiu.

CAPÍTULO 13
O BEIJO E A MORTE

A celebração da colheita estava no seu auge. As ruas fervilhando de gente. Azareel não se sentia confortável no meio de todo aquele povo. Tinha receio de olhar para o lado e de repente ser reconhecido. Com certeza ele seria reconhecido por alguém, mas tentava ignorar a possibilidade.

Estava fazendo a vontade de Janir, não iria ficar ali por muito tempo. Afinal de contas ela teria que voltar para casa e cuidar do pai dela.

Percebeu então que havia muitos judeus naquela festa. Muitos que eram como ele - voluntários na reconstrução dos muros. Passavam por ele e fingiam que não o conheciam.

Sentiu-se menos culpado; afinal de contas, não era só ele no meio de toda aquela gente.

Começou então a prestar mais atenção no

que estava acontecendo. A música dos tamborins, das arpas e das flautas, a fogueira gigantesca, as risadas, o vinho distribuído em abundância.

Durante toda a sua vida nunca participara daquilo. Seu pai nunca o permitiu. Depois de sua morte, não quis desobedecê-lo; mesmo sabendo que não estaria ali para impedi-lo.

De maneira que tudo era novidade para ele, mas lá no íntimo, pedia perdão a seu pai por estar ali.

Mas vendo tudo de perto, debatia em sua mente, que afinal de contas, era só uma celebração como outra qualquer; não parecia ter nada de tão terrível.

As pessoas estavam alegres, dançando e felizes. Janir, em especial, estava radiante ao lado das suas amigas: dançavam, pulavam, pareciam umas meninas, de tão contentes que estavam.

Janir então puxava-o pela mão, e ele ia assim como que arrastado aonde ela queria ir. Foi então que chegaram perto da fogueira, onde muitos dançavam em volta.

Janir e suas amigas se juntaram. Azareel não quis ficar ali com elas; soltou a mão de Janir, afastando-se um pouco. De onde estava, observava a alegria delas, especialmente de Janir. Seus gestos delicados com as mãos, os movimentos do seu corpo acompanhando o som da música, o brilho do fogo contrastando com a sombra da noite, revelando em Janir um certo mistério, tão deslumbrante que ele ficou embevecido.

O coração de Azareel palpitava fortemente dentro do peito; parecia acompanhar o som dos tamborins. Estava completamente hipnotizado e extasiado por aquela visão.

De repente, três rapazes se aproximaram de Janir, Deia e Tara, cada um se posicionando ao lado delas.

Azareel notou que eles se entreolharam como se tivessem um tipo de combinação entre eles.

Agindo rapidamente cada um deles pegou

na mão das moças. Elas, surpresas, acabaram sendo puxadas por eles para mais perto da fogueira.

Azareel ficou estarrecido ao ver aquilo. Um outro homem estava segurando a mão da sua Janir; isto não podia estar acontecendo!

Correu em direção à Janir e, com determinação, pegou no braço dela e puxou-a para fora do círculo, desvencilhando-a do rapaz, que surpreso, ficou sem saber o que estava acontecendo. Os outros rapazes estavam distraídos com Deia e Tara e nem notaram que seu amigo perdera a parceira.

Azareel saiu dali levando Janir consigo. Andava rápido, e só parou quando encontrou um lugar que considerou seguro. Estavam ofegantes.

- O que deu em você, Azareel? (Janir estava assustada com aquela súbita reação.)

- Eu não queria que aquele rapaz dançasse com você! Você queria dançar com ele?

- Claro que não! Ele pegou na minha mão, me puxou, então de repente você me aparece como um raio! (Começou então a rir.)

Azareel começou a rir também.

Em meio ao riso ela disse: "Por um momento pareceu-me que você tinha atravessado no meio da fogueira e me tirou de lá tão rápido que eu nem senti meus pés tocarem o chão! (Riram ainda mais.)

Então quando se cansaram de rir, ele acariciou seus cabelos, e olhando profundamente seus lindos olhos amendoados, levou suas mãos até o rosto dela e a beijou.

Foi um beijo delicado: seus lábios nos dela, o selamento de um amor profundo.

Foram envolvidos por um silêncio. Estavam dentro da dimensão da felicidade perfeita!

O calor da fogueira não era nada comparado com o calor que estavam sentindo - um momento lindo, inesquecível.

Janir então, escutou alguém gritando seu nome.

Quando se virou viu Deia e Tara ambas de

boca aberta, estagnadas.

Certamente elas testemunharam o beijo; mas logo atrás delas vinha, correndo, Simeia.

- Janir, eu estava à sua procura. Finalmente a encontrei!

- Mas o que aconteceu? (Janir pensou que sua tia pudesse ter visto o beijo.)

As amigas de Janir apressadamente se puseram entre Janir e Azareel.

Mas Simeia não estava preocupada com Janir e Azareel. Ela trazia uma notícia, e não iria fazer nenhum rodeio para transmiti-la:

- Janir, seu pai está morto!

- O quê?

- Seu pai está morto! Você ouviu?

Janir caiu de joelhos no chão. Azareel correu até ela e ajoelhando-se ao seu lado a abraçou. Ela começou a chorar nos seus ombros. Entre lágrimas, pediu que ficasse ao seu lado, que não a deixasse sozinha.

Simeia parecia uma árvore morta, inerte, não estava comovida. E sem paciência para com a dor de Janir, instou-a para que fossem para casa.

Azareel e as amigas de Janir a acompanharam.

Quando passaram pelo mercado, Binui que estava fechando seu estabelecimento, viu Azareel, Janir, Simeia e as amigas de Janir passarem juntos – o que lhe chamou a atenção. Começou então a andar em direção a eles. Desvencilhando-se das pessoas, caminhava logo atrás e viu quando todos entraram na casa de Janir.

Logo depois, ele também entrou na casa. A curiosidade foi tão grande que nem parou para pensar no que estava fazendo.

Mas quando ouviu que de dentro do quarto se ouvia um choro, apressou-se para ver o que estava acontecendo. Viu Janir ajoelhada ao lado da cama do seu pai, com seu rosto sobre a mão dele, a qual estava inerte, sem vida.

Sob a luz de lamparina, Arah parecia ainda mais misterioso do que era em vida.

Binui aproximou-se. Ninguém disse palavra alguma.

Azareel olhou para ele e baixou os olhos. Binui pegou uma das lamparinas e aproximou-se do cadáver. Simeia se moveu rapidamente para perto dele; mas ele, desviando-se dela, chegou mais perto do pai de Janir. Pôs a lamparina bem perto do nariz do morto, a luz não se moveu. Então examinando o rosto de Arah perguntou:

- Como isto aconteceu?

Simeia contou que quando viera tomar conta dele, ele estava de cama, com dores no peito, reclamou ter passado mal aquele dia todo, com dificuldade para respirar, e que ela foi preparar um chá para ele, mas escutou um alvoroço entre o animais no quintal; foi ver o que se passava, então quando voltou, preparou o chá e foi levar para seu irmão e o encontrou morto.

- Eu o sacudi com força para ver se ele voltava, mas não adiantou. Nada mais podia ser feito.

Binui, que ainda olhava o corpo como se o estivesse examinando, observou que o lado direito do rosto de Arah parecia mais escuro; também percebeu que no canto da boca havia resquícios de sangue.

Ficou intrigado e tentava levar a lamparina para mais perto a fim de se certificar do que via.

Simeia o puxou para trás e o recriminou dizendo:

- Pare com essa examinação. Quem você pensa que é? Quer botar fogo no meu irmão?

Janir soluçava baixinho e balbuciou:

- Me sinto culpada, não devia ter ido à festa, ele não estava bem, tinha reclamado o dia inteiro!

- Você está insinuando que se você estivesse aqui ele não teria morrido? (Simeia mostrou-se ofendida com a declaração de Janir.)

- Desculpe-me, tia, não era minha intenção fazê-la se sentir mal numa hora destas; eu sei que teria acontecido comigo aqui, ou não, por favor, não se ofenda.

Azareel mantinha silêncio, assim como as amigas de Janir.

Binui continuava muito desconfiado daquela história. Olhava para Azareel que permanecia cabisbaixo e não dizia palavra.

Azareel estava triste por Janir, pois sabia exatamente o que ela estava passando. Não conseguia deixar de pensar em sua mãe, seu pai e em seu tio. As lembranças invadiram sua mente por alguns momentos. O que ele vivera se misturava com o que estava vivenciando agora, e era muito triste.

Passaram o resto da noite em silêncio.

Janir chorava baixinho, debruçada no ombro de Azareel.

Binui mal acreditava no que estava vendo: Simeia sentada ao lado do corpo do irmão, parecia ignorar totalmente Azareel e Janir, ali juntos um do outro.

Binui não conseguia entender. Sempre pensou que o ódio que Arah sentia pelos judeus era compartilhado pela irmã. As poucas vezes que ela foi ao seu comércio, mal olhava no seu rosto, sempre desviava o olhar. Agora estava ali, quieta e parecia não se importar que Azareel estivesse consolando Janir.

Como explicar aquilo? As amigas de Janir também estavam inexplicavelmente caladas.

Binui resolveu ficar para proteger Azareel de alguma forma. Sabia que ele não sairia de lá. Então o jeito era ir ficando até o amanhecer.

Os primeiros raios do sol entraram pela janela. Providências tinham que ser tomadas. Azareel não sabia como ajudar.

Simeia tomou as rédeas da situação. Havia um túmulo da família.

Azareel se prontificou a achar uma carroça para carregar o defunto.

Orientado por Simeia, Binui ajudou na preparação do corpo.

Depois de tudo pronto, começaram a caminhar pelas ruas. Azareel conduzia o jumento que puxava a carroça. Caminhavam lentamente.

Nas ruas ainda se via pessoas em grupos que passaram a noite toda festejando. Outros dormiram na rua de tão bêbados que estavam.

Apesar de muitos pararem para ver aquele cortejo, ninguém se juntava para acompanhar o funeral.

Quando passaram pela casa do homem que Janir pensava ser amigo do seu pai e que sempre lhe oferecia figos frescos, notou que ele saíra para ver, porém ele abaixou a cabeça e não se juntou a eles.

Janir ficou pasmada com a atitude dele. Sempre pensou que ele tivesse afeto por seu pai e pelo que ela sabia eram amigos de muitos anos.

Binui, pensava em seu comércio, mas tinha que ir até o fim. Azareel de vez em quando olhava para Simeia. Ela por sua vez estava calma, centrada. O fato de ele estar ali não parecia afetá-la em nada. As poucas vezes que se dirigiu a ele, foi com voz baixa, denotando até um certo respeito.

Quando tudo terminou cada um foi cuidar dos seus afazeres. Azareel não teve coragem de forçar sua presença na casa de Janir por mais tempo. Sentiu que já tinha ido até onde podia, notando que Simeia não recriminava Janir quando esta buscava nele consolo.

Foi uma noite sinistra, Azareel estava exausto.

CAPÍTULO 14
DEPOIS DO ENTERRO

Quando Janir chegou em casa, depois do enterro, começou a limpar. Notou que alguns objetos que costumavam estar sobre uma pequena mesinha no quarto de seu pai estavam no chão.

Recolheu-os e os pôs de volta no seu lugar. Sua tia que a observava, quis tirar a atenção de Janir dos objetos e começou a falar sobre Azareel.

- Notei que você e o israelita estão bem próximos!

- Sim, nós estamos.

- Agora com seu pai fora do caminho, fica mais fácil você estabelecer um relacionamento mais sério com ele!

Janir parou o que estava fazendo e encarou sua tia:

- Eu não estava contando com a morte do meu pai para ficar com Azareel! O que você falou é um absurdo!

- Absurdo? Como você esperava ter a mínima chance de concretizar seu romance com o seu pai vivo?

- Eu não sei como, ou o que eu teria feito para convencer meu pai do amor que sinto por Azareel. Mas eu não estou feliz que ele morreu! A minha história com Azareel não tem nada a ver com ele!

- Isto é o que você pensa!

- Também não deixei de notar que a senhora parecia muito tranquila com a presença dele aqui. Então me diga, qual é o seu papel em tudo isso? Por que está nos apoiando?

Simeia simplesmente ignorou a pergunta.

- Você nem parece que conhecia seu pai! É muito ingênuo da sua parte achar que poderia convencê-lo a permitir que se casasse com o israelita!

- Tia, se você quer me dizer alguma coisa, fale logo; pois hoje eu não estou com paciência para mistérios. Aliás, quero que saiba que eu sei que me seguia e que me viu várias vezes com Azareel!

Janir aproximou-se de sua tia, olhando direto nos olhos dela disse:

- O que eu nunca entendi foi o porquê do seu silêncio!

- É verdade. Eu lhe segui sim, mas foi a mando do seu pai!

Quando Janir ouviu isso ficou espantada.

- Você me seguiu a mando do meu pai?

- Sim, foi o que eu disse! Ele ouviu uma conversa entre você e suas amigas, então me pediu para verificar de perto o que estava acontecendo; por isso eu lhe segui.

Janir sentou-se, estava perplexa, sem saber como articular aquela informação. Se ele sabia o tempo todo que ela e Azareel estavam se encontrando, por que não fez nada a respeito? Das outras vezes em que algum rapaz se aproximava dela, ele se enfurecia, fazia um escândalo, aterrorizava os rapazes, até que ninguém mais ousava cortejá-la.

- Tia, fica difícil acreditar no que está me dizendo. Ele não ficaria quieto sem fazer nada se soubesse o que estava acontecendo, como você afirma.

- Quem disse que ele não tentou fazer "alguma coisa?" Quando ele teve a confirmação, ficou uma fera! Até me pediu que fosse ao mercado de lã encontrar um certo árabe e vender você pra ele!

- Me vender para um árabe do mercado? Que loucura é esta que está me dizendo?

- É a mais pura verdade! Mas eu menti para ele dizendo que o tal árabe não mais fazia comércio por lá. O fato é que ele iria fazer alguma coisa para impedir que você ficasse com seu "amado", pode ter certeza! Mas eu fiz o que pude para ajudar.

Para Janir era tudo muito irreal. Pensar que seu pai, a quem ela cuidara com tanto carinho e dedicação, quisesse se livrar dela, por causa de um capricho, uma mágoa, um ressentimento que nutria contra os judeus. Algo que ela nunca soube exatamente o que seria. Seus sentimentos estavam confusos: a dor da perda do seu pai e a revelação de que ela não significava nada para ele. Que sentimentos mesquinhos, tinham tido precedência sobre o amor de pai que ele deveria sentir por ela? Mas agora ele estava morto; ela jamais saberia o que se passara em sua mente. Mas sua tia ainda a intrigava:

- Tia, por que você apoia meu relacionamento com Azareel?

- Eu não tenho que apoiar, nem desapoiar. Você não é minha filha, é minha sobrinha. Eu disse isso ao seu pai: que esse moço tem posses, e que vocês ficariam bem para o resto da vida. Mas meu irmão era cego, não via como este lugar está em péssimo estado, e nem como estava difícil para você manter as coisas sozinha.

Era bem sua tia, Janir pensou. Sempre prática. Então, eram as posses de Azareel que o tornava aceitável.

Chegou a noite, a cabeça de Janir fervia com tantos pensamentos: pensava em seu pai, no enterro; naquela conversa com sua tia, era muito para tentar assimilar. Também estava exausta, queria dormir um pouco, se é que seria possível.

Pediu a sua tia que fosse para sua casa, pois queria ficar só.

Azareel passou o dia perturbado. Queria ver Janir, mas achou melhor não ir, imaginando que a tia dela estivesse com ela. Tinha que pensar com cuidado como iria agir dali por diante. Cuidou das suas ovelhas e foi até a construção, pois ficara sabendo que após o incêndio havia uma convocação para retomar os trabalhos na reconstrução das muralhas e dos portões. Azareel queria sentir-se ocupado.

Passado algum tempo depois destes acontecimentos, Janir e Azareel não mais tentavam esconder que se amavam. Agora ele ia à casa de Janir. Simeia que se mudara para a casa de Janir, aprovava os dois.

Binui relutava em aceitar que tudo estava bem. Desconfiava de Simeia, mesmo que aparentemente não houvesse motivo.

No entanto, Azareel estava certo do que ele

queria. Era fim do inverno quando ele a pediu em casamento.

Foi uma cerimônia muito simples, com poucos convidados.

Ambos estavam felizes. Ela estava linda e radiante. Janir pensou em seu pai, que se estivesse vivo, ela provavelmente não estaria vivendo aquela felicidade. E só em pensar que ele queria vendê-la para os árabes, para separá-la do seu grande amor! As vezes pensava que sua tia estava mentindo sobre esse assunto, mas não tinha como saber ao certo. Porém aquele era o dia mais feliz da sua vida. Agora era só olhar para o futuro, com suas possibilidades!

Azareel estava confiante que ao lado da mulher da sua vida, somente coisas boas poderiam acontecer.

Ele tinha uma meta: a de convencer Janir a se converter ao Deus de Israel. Como marido, achava que tinha essa obrigação. Quando ia na casa de Janir, via os baalins espalhados pela casa e um altar que a tia dela trouxera consigo quando veio morar com ela. Muitas vezes vira Simeia no chão e em estado de adoração. Isto lhe incomodava. Mas assim que Janir fosse morar em sua casa, acabava ali, aquela coisa de adorar ídolos.

Binui, no casamento, observava Azareel e seu sorriso grande no rosto. Não podia negar que Azareel estava feliz!

Pensou em si mesmo e que durante toda a sua vida estivera sozinho, sem ninguém para compartilhar seus dias, suas noites, suas dores ou suas preocupações. Ninguém para dizer bom dia e boa noite. Mas ali estava seu amigo, ele teria uma vida diferente e seria melhor que a dele. Binui aceitou, finalmente.

Simeia até sorriu naquele dia. Estava satisfeita, inexplicavelmente satisfeita.

As amigas de Janir estavam radiantes, ainda sonhando com o dia em que seria a vez delas se casarem.

Gazão compareceu, mas não trouxe sua esposa. Azareel entendeu.

Três meses se passaram desde o casamento e Janir descobrira que estava grávida. A felicidade envolveu os dois completamente. Azareel era o homem mais feliz do mundo - iria ter descendência. Desejava em seu coração que fosse um menino!

As amigas de Janir vinham constantemente visitá-la. Simeia, quando soube da gravidez, trouxe para a casa de Azareel os baalins, alegando que eram para trazer prosperidade e proteção a eles.

Azareel, quando viu as estátuas de barro num canto na entrada de sua casa, ficou nervoso. Quis argumentar com Janir para que aquilo fosse removido imediatamente.

- Esses baalins eram de Janir! Estavam lá na casa do meu irmão a vida toda. Ela os deixou lá, então eu resolvi trazê-los para vocês. Principalmente agora que ela está grávida, vai precisar de proteção! (Simeia estava cheia de boas intenções.)

- Mas nós não lhe pedimos que os

trouxesse! (Azareel estava irritado.)

Simeia procurava Janir com os olhos, intimando-a que tomasse partido naquela conversa e impusesse seu desejo, que ela acreditava ser o mesmo que o dela.

- Azareel, querido, essas estátuas pertenciam a meu pai, eu me esqueci completamente de trazê-las comigo. Não acho que vão fazer mal algum estarem aqui com a gente. Quando você ia na minha casa, nunca se incomodou; por que isso agora?

Azareel tinha feito uma promessa a si mesmo, mas desde que se casara esquecera-se completamente de que iria trazer Janir para sua fé. Estava tão ocupado com seus negócios, com sua nova família, com a reconstrução dos portões de Jerusalém, e agora aquilo! Mas não queria fazer Janir ficar triste com ele, não agora que ela estava grávida.

- Está bem, se isto lhe agrada, não quero brigar com você.

(Declarou Azareel, resignado.)

CAPÍTULO 15
DIFICULDADES EM JERUSALÉM

As coisas não iam bem em Jerusalém nos meses que se seguiram. O judeus se esforçavam para reparar as muralhas e firmar os portões, mas os rumores eram que o exército de Samaria estava se preparando para atacar e acabar com tudo que os judeus até então tinham edificado com tanto ardor.

Porém o povo estava unido e apesar das ameaças que recebiam, do quanto eram ridicularizados no seu esforço, mais e mais eles se empenhavam.

Chegou a um ponto em que os edificadores tinham que andar armados. Cada um trazendo uma espada cingida nos lombos.

Enquanto uns trabalhavam, outros vigiavam. Azareel continuava a ser um deles. Sempre quando tinha oportunidade prestava serviços especiais na reconstrução. Numa dessas ocasiões, quando estava voltando para casa, decidiu dar meia volta e ir visitar o Binui. Estava cansado, porém um pouco desanimado para ir para sua casa. Desde que Simeia trouxera aquelas estatuazinhas de barro para seu lar, a mulher não saía mais de lá.

- Azareel! Que prazer revê-lo!

- O prazer é todo meu! (Azareel abraçou Binui com carinho.)

- O que o traz por estas bandas? Janir esteve aqui e comprou algumas frutas. Ela se esqueceu de algo que deveria ter comprado? Minha nossa ela está enorme, parece que tem dois naquela barriga!

- É, parece sim, quem sabe? Mas ela não se esqueceu de nada. Para dizer a verdade, eu nem fui para casa ainda.

- O que aconteceu? Você está com algum problema?

Azareel procurou um banquinho e sentou-se. Suspirou fundo, estava quase arrependido de ter ido. Mas já estava lá, então ia desabafar.

- Meu problema se chama 'Simeia!'

- Ai!

- Por favor, não me diga que "me avisou!" Eu sei que me avisou!

- Está bem, Azareel, o que aquela velha esquisita está aprontando?

- Estou no meu limite. Desde que Janir engravidou, a tia dela levou um monte de estatuazinhas, os baalins, que estavam lá na casa do pai dela para minha casa, alegando que pertenciam a Janir e que ela precisava da proteção deles! Eu acabei permitindo por causa do estado da Janir; não queria aborrecê-la. Mas o que me incomoda é que agora Simeia não sai mais de lá. Eu penso que ela o faz de propósito! É como se ela adivinhasse a hora que eu chego em casa, porque quando eu entro porta a dentro lá está ela deitada no chão reverenciando aquelas imagens!

- Mas por que você não fala com Janir sobre isto? Que lhe incomoda, seja franco, abra seu coração! Aquela é sua casa, homem!

Que prevaleça a sua opinião, não a da tia dela!

- Pensa que eu já não tentei? Mas Janir vem com aquela conversa de que está temerosa, que precisa de Simeia neste momento... Um monte de desculpas! Eu acho que Janir está realmente com medo do parto e Simeia é a única parente que ela tem. Talvez seja isto!

- Você tem que trazer Janir para o seu lado, fazer prevalecer os nossos costumes. Você não tinha um plano quando se casou com ela? Você é judeu ou não é? Erga a cabeça, você trabalha na reconstrução das muralhas, você vê de perto tudo o que está acontecendo, precisamos ficar unidos! Não esquecermos quem somos! Veja! De repente falei como o escriba. (Ambos riram.)

- Eu não me esqueço quem sou! Antes de me casar com ela eu tinha um plano sim, e ainda tenho: o de convencê-la a ter o Deus de Israel como seu Deus. E penso que até teria conseguido se não fosse a tia dela lá, dia e noite, nos perturbando! Mas lhe digo uma coisa, Binui: Assim que meu filho nascer, tudo isto vai acabar, doa a quem doer.

- É assim que se fala, Azareel!

Enquanto Azareel e Binui conversavam, algumas mulheres com seus filhos entraram no comércio, e estavam examinando as frutas. Binui apressadamente foi atendê-las. Logo em seguida o escriba entrou também. Ficou parado observando as mulheres que falavam entre si e com seus filhos na língua asdodita. Não se ouviu uma palavra em hebraico. E o escriba ali, parado, prestando atenção!

Quando as mulheres saíram, Binui foi atendê-lo. Ele escolheu algumas frutas, então comentou:

- Viram aquelas mulheres que acabaram de sair?

- Sim, são minhas freguesas! (Declarou Binui, pensando qual seria o problema, porque a expressão do rosto do escriba não era das melhores.)

- Vocês ouviram em que língua elas falavam? E as crianças? (Não esperou a resposta e continuou.) "Aquelas mulheres são casadas com sacerdotes judeus que servem no Templo, no entanto, não falam hebraico, falam asdodita! Nosso povo está se dispersando entre os costumes dessas gentes, e não vejo onde isso vai parar!"

Binui e Azareel se entreolharam e permaneceram em silêncio.

- Mas Neemias está voltando. Ele ficou sabendo das coisas que estão acontecendo por aqui. Eu sei que assim que ele puser os pés nesta cidade tudo vai mudar. Ah, se vai! (Declarou solenemente o escriba.)

Pagou pelas frutas e saiu.

- Esse escriba cada vez que vem aqui, faz um discurso e sai. Despeja suas palavras. Acho que ele pensa que eu anoto tudo o que ele fala! E o pior é que compra tão pouco!

Azareel riu do comentário do Binui.

E estava para sair, quando viu Simeia passar apressadamente em direção da antiga casa de Janir. E logo atrás dela, o mendigo Bani, que apressando o passo agarrou por trás o braço dela, fazendo-a parar bruscamente.

Azareel ficou intrigado ao ver a petulância do mendigo. Então, caminhou cuidadosamente para a porta do comércio para ver se ouvia o que o mendigo dizia para Simeia. Ele parecia nervoso, puxava-a pelo braço como se quisesse algo dela. Ela o empurrou com força e ele quase caiu no chão. Ela saiu correndo e ele ficou ali parado olhando ela desaparecer.

Tudo o que Azareel conseguiu ouvir o mendigo dizer foi: "Eu sei que você vai fazer de novo!"

- Você viu aquilo Binui? (Azareel apontava para fora e apressadamente saiu do comércio, pôs-se na frente do mendigo e lhe perguntou:)

- O que você queria com Simeia? E o que é que ela vai fazer de novo?

O mendigo fitou Azareel, bem dentro dos

olhos. Era um homem judiado pela vida que vivia. Seus olhos sem brilho, embaçados pela idade, as rugas profundas, cheias de histórias que ninguém sabia. Azareel ficou esperando por uma resposta. Mas ela não veio. O mendigo deu meia volta e saiu dali, misturando-se com o povo nas ruas estreitas.

Binui foi até à rua onde estava Azareel.

- E aí? Ele falou alguma coisa?

- Não, só me olhou como se não tivesse entendido o que eu perguntei. Acho que está ficando louco. Ele vive nas ruas há muito tempo, penso que isto está acabando com ele.

- Há algum tempo atrás eu presenciei uma cena semelhante à que você viu hoje. Eu perguntei a ele o que queria com Simeia? Sua resposta foi que eu prevenisse "você" quanto àquela família. E isso eu fiz, mas você não me deu ouvidos!

- Mas avisar o quê? O que ele pode saber sobre Simeia que tem a ver comigo e Janir?

Não sei se você se lembra, mas eu não me casei com Simeia, me casei com Janir!

Azareel resolveu voltar para casa porque agora sabia que a tia de Janir não estaria mais lá.

Binui ficou olhando Azareel desaparecer dentro da noite. "Se não se pode consertar o passado, melhor esquecê-lo!" Falou Binui em voz alta.

Azareel chegou em casa e encontrou Janir na cama. Ficou preocupado:

- O que está sentindo? Alguma dor?

- Não, só um súbito desconforto.

Azareel deitou-se ao lado de Janir. Puxou-a para bem perto de si. Abraçou-a carinhosamente com o rosto dela no seu peito. Acariciava seus cabelos negros e brilhantes.

- Janir, você me parece preocupada com alguma coisa, não quer me contar o que é?

- Eu estou preocupada, sim; e eu estava durante todo este dia pensando em como falar com você a respeito.

- Estou aqui, fale.

Janir então sentou-se na cama, queria poder olhar nos olhos de Azareel.

- Eu sei que você não está muito feliz de ver que minha tia vem aqui praticamente todos os dias. E para que não pense que é só você que ela incomoda, eu quero que saiba que a mim também.

Quando Azareel ouviu isto, sentou-se na cama. Estava surpreso. Era como se ela tivesse ouvido sua conversa com Binui. Decidiu deixar que ela falasse tudo o que queria. Só olhava para ela atentamente.

- Mas só quero lhe lembrar que ela é a única pessoa que restou da minha família. É minha tia! Eu não encontro coragem para dizer a ela que não venha aqui com tanta frequência! Também sei que ela exagera na adoração dos nossos deuses.

Azareel levantou-se abruptamente e disse:

- "Nossos deuses?" Aqueles bonecos de barro não são meus deuses, são seus!

Janir ficou assustada com aquela reação.

- Durante todo o tempo que nos falamos antes de nos casarmos, você nunca demonstrou preocupação para com os deuses da minha família! Por que isso agora?

De repente Janir sentiu uma dor, como que uma pontada no lado direito da barriga e se curvou.

Azareel, preocupado, a abraçou na tentativa de aliviar de alguma forma o que ela estava sentindo. Foi tomado por um sentimento de culpa. Achou que o que falou causara em Janir aquela dor.

- Me perdoe, não quero aborrecê-la. Vamos esquecer este assunto. Deite-se e relaxe. A única coisa que você tem que se preocupar é com nosso filho!

- Minha tia pode fazer o parto, ela já fez muitos! Eu confio nela. Eu preciso dela agora mais do que nunca! Por favor, tenha paciência!

- Está bem, minha querida. Eu vou ter paciência. Não tema. Eu não vou falar nada que faça sua tia não se sentir bem-vinda na nossa casa. Fique tranquila.

Azareel levantou-se para pegar um pouco de água para Janir. Mas parou, virou-se para ela e disse:

- Hoje eu fui visitar o Binui, e quando estava de saída presenciei algo que me preocupou. Eu vi Bani, o mendigo, agarrando o braço de sua tia, ele a puxava para si, e falava com ela asperamente. Mas antes que eu chegasse perto, ela conseguiu se desvencilhar dele. E o que foi mais estranho foram as últimas palavras que ele disse para ela: "Eu sei que você vai fazer de novo!"

- O que o mendigo poderia querer com minha tia?

- Exato! Fiquei curioso também! Ela alguma vez comentou com você sobre ele?

- Nunca! Amanhã quando ela vier aqui, vou tentar descobrir. Talvez ela me conte, ou talvez não. (Concluiu Janir.)

Azareel teve dificuldade para dormir naquela noite. Janir dormia e respirava de modo profundo. Ele ficava ouvindo, tentando imaginar com o que ela estaria sonhando. Aquela tinha sido a primeira vez que eles argumentaram um com o outro.

É lógico que não conseguia disfarçar muito bem quando via a tia dela adorando os ídolos de barro. Mas ficava calado, tentava ignorar. Mas uma coisa era certa, aquilo só iria durar até o nascimento da criança. Então ele iria tomar uma atitude a respeito daquela situação. Mas por agora tinha que ter paciência.

CAPÍTULO 16
O NASCIMENTO DE ELÃO

E foi com muita paciência que o tempo de Janir dar à luz chegou. Era questão de dias.

Gazão e Azareel estavam tosquiando numa tarde. Era muito trabalho. Tiveram até que contratar trabalhadores para ajudar; os negócios iam muito bem.

A esposa de Gazão também estava grávida com uns dois meses de diferença de Janir. Ambos estavam muito contentes pois iriam ser pais brevemente.

- Janir está a ponto de ter a criança, a mulheres dizem que vai ser assim que mudar a lua! (Azareel não conseguia pensar em outra coisa.)

- Quanto a isso meu amigo não tenho a menor ideia como funciona! (Ambos riram.) Mas logo também será minha vez. Nem acredito que eu me casei antes de você, e seu filho vai nascer antes do meu!

- Quem pode controlar essas coisas!

(Declarou Azareel, não escondendo seu orgulho por ser pai antes de Gazão.)

- Não vejo a hora de me livrar da tia de Janir! Agora ela dorme lá em casa, está de vigília.

- Você acha que vai ter dificuldades em convencer Janir a aceitar os nossos costumes e abandonar os dela?

- Para ser honesto com você, não sei se vai ser tão fácil. Mas durante todo esse tempo nunca a vi adorando as imagens. Por isso tenho esperança. E agora mais do que nunca, eu preciso desta esperança.

- Por que diz isto?

- Outro dia quando estava na reconstrução do portão do Peixe, ouvi uma conversa que me perturbou muito.

- Que conversa?

- Um dos trabalhadores estava falando com o outro sobre o que está acontecendo, de como os samaritanos estão cada vez mais atrevidos, e quão perigoso tem sido dar continuidade aos trabalhos da reconstrução, e desde que Neemias voltou as coisas pioraram.

- Mas isto nós estamos cansados de saber!

- Porém um deles mencionou que Esdras estava muito aborrecido pelo fato de que muitos de nós, os judeus, estamos emaranhados com a gentes dessa terra, e de como muitos de nós estamos envolvidos com mulheres estrangeiras. Um deles, que como eu também é casado com uma estrangeira, tentou se defender dizendo que Esdras não tinha que interferir nesta questão sobre com quem nos casamos. Um outro disse, que por causa disso nosso povo ficava dividido, e era por isso que até então tudo estava no pé em que estava. Mas daí um outro trabalhador que como eu só ouvia, interrompeu a conversa pra dizer que havia rumores de que Esdras iria exigir que quem estivesse casado com mulheres estrangeiras, deveriam abandoná-las, não somente a elas, mas aos filhos também! Quando eu ouvi isso, fiquei em estado de choque!

- Minha nossa Azareel, você acha que isso é verdade? E se for, o que você vai fazer?

- O fato é que eu nunca vi Janir adorar aquelas imagens; e isso realmente me dá esperança.

- Talvez ela não o faça na sua frente, ou talvez não o faça porque a tia dela faz e ela pensa que não precisa, ou não quer afrontá-lo! Quem sabe?

- Você não está me ajudando, Gazão! Mas o fato é que se ela não adora os ídolos na minha frente é porque está preocupada em me agradar e isso é importante. Assim que a criança nascer eu vou ter uma boa conversa com Janir. Vou contar nossa história, de onde viemos, e tudo o que passamos e as grandes maravilhas que o Deus de Israel fez e faz pelo nosso povo. Eu sei que ela me ama e eu a amo; ela vai aceitar!

- Só posso desejar boa sorte para vocês dois. Mas não espere até que os sacerdotes comecem a exigir de você uma atitude mais drástica.

Azareel estava confiante de que agora, a qualquer momento, assim que a lua mudasse, sua vida também iria mudar. Olhava para o céu tentando achar a lua; quem sabe era hoje!

No dia seguinte, tão logo amanheceu, Janir começou a sentir as dores do parto. Simeia intimou Azareel a ir buscar as duas senhoras que a ajudariam. Ele saiu correndo para ir buscar as mulheres. Quando elas chegaram, foram para o quarto de onde saíam gemidos de dor. Azareel esperava do lado de fora da casa e andava em círculos. A cada contração, um gemido mais forte. Até que chegara o ponto em que em meio a uma dor excruciante, num esforço sobre-humano, Janir deu à luz ao seu bebê.

Quando Azareel ouviu o choro da criança, chorou de emoção. Correu para dentro da casa, uma das mulheres saiu do quarto com panos cheios de sangue. Azareel ficou assustado. Quando entrou no quarto viu Simeia segurando o bebê no colo.

- É um menino! (Disse Janir exausta.)

- Um menino! Eu sabia!

Todos riram. Simeia passou a criança para os braços de Azareel, que desajeitado, tentou segurá-lo da melhor maneira possível. Estava realmente emocionado. Olhava para Janir que estava toda suada, pálida, mas mais linda do que nunca. Era um dia de bênção para os dois. Lembrou-se de sua mãe, no dia em que morrera dando à luz ao seu irmão, que também não sobreviveu.

Ele então aceitou aquele presente divino e rendeu graças ao Deus de Israel por aquela grande fortuna!

Azareel deu ao seu filho o nome de Elão, como seu pai.

Dois meses se passaram desde que Elão nascera. Janir se recuperou rapidamente.

Azareel agora ia com mais frequência à reconstrução das muralhas e portões. Apesar das muitas armadilhas perpetradas por Sambalate contra Neemias, ele estava determinado a terminar a reconstrução das muralhas e portões em 52 dias. A determinação era ainda maior por causa do Sábado, que era constantemente violado pelos comerciantes.

O objetivo era fechar os portões no Sábado e impedir que os estrangeiros entrassem e comercializassem neste dia considerado pelos judeus como sagrado. Isto irritava os outros povos que habitavam aquela região. Eles queriam continuar o que vinham fazendo há dezenas de anos.

Quando Neemias veio novamente para Jerusalém resolveu, no meio da noite, sem que ninguém soubesse, dar uma volta na cidade. Queria ver com seus próprios olhos o que haviam lhe contado quando estava na Babilônia, na corte do rei.

Foi com tristeza que constatou que era verdade que as muralhas estavam fendidas, e em alguns pontos dava para uma pessoa passar a cavalo pela fenda; os portões quebrados e queimados. Era desolador!

Mas ele não havia voltado como uma pessoa

qualquer. Ele fora designado novo governador de Judá. Tinha poder para agir e mudar aquela situação. Os inimigos de Judá acusavam Neemias de querer reconstruir os muros porque pretendia rebelar-se contra o rei da Pérsia. Uma situação política muito delicada!

De maneira que houve grande agitação na cidade. Centenas de homens foram convocados a terminar de uma vez por todas os muros e os portões.

Azareel e Gazão se dividiam nas tarefas com suas ovelhas e seu trabalho para ajudar na reconstrução. Gazão estava preocupado pois a qualquer momento sua esposa estava para dar à luz.

Certa manhã, Azareel combinara com Gazão que seria a vez dele de ir para a reconstrução dos muros, enquanto que Gazão ficaria encarregado de separar e contar as lãs que tinham tosquiado na tarde anterior. Estaria também responsável de levar as lãs para serem comercializadas com o árabes que costumavam assentar suas tendas próximo à entrada de um dos portões de Jerusalém.

Gazão gostou da ideia porque o estábulo ficava perto da sua casa, e como sua esposa estava para dar à luz a qualquer momento, queria terminar tudo o mais rápido possível, para não perder a chance de estar por perto quando a criança nascesse.

Sendo assim, Azareel se dirigiu para a construção. Mas quando passava pela frente do Templo, viu muita gente reunida. Também viu que muitos homens desciam as escadarias do Templo carregando vários objetos que eram jogados na rua.

Eram sacos cheios de coisas. Mais e mais vinham de dentro do átrio do Templo e eram jogados como se fossem lixo.

Azareel ficou curioso e quis saber do que se tratava. Então aproximou-se de um dos homens que acabara de trazer um saco cheio de miudezas e despejado tudo no chão.

- O que está acontecendo? Por que vocês estão jogando essas coisas na rua?

- Neemias descobriu que Eliasibe, o sacerdote encarregado das câmaras do Templo, alugou para Tobias, o protegido de Sambalate, o espaço que era para guardar alimentos, incenso, azeite e grãos para os levitas!

- Tobias? O mesmo Tobias que tem feito de tudo para impedir a reconstrução de Jerusalém?

- Exatamente. Ele mesmo! E mais, que esse mesmo Tobias é parente do sacerdote Eliasibe! Por isso ele conseguiu esse privilégio de estocar seu lixo na casa de Deus! Neemias está furioso! Está jogando tudo o que é dele fora!

Quando o homem terminou de falar, subiu as escadas correndo. Azareel não resistiu à curiosidade e subiu também, desviando-se dos outros homens que desciam carregando móveis e quinquilharias nos ombros. Outros que como ele estavam curiosos também subiram.

Quando chegou, viu Neemias e Esdras, bem como outros sumo-sacerdotes, que falavam e gesticulavam muito. Pareciam muito tensos.

Azareel foi chegando mais perto para tentar ouvir o que diziam.

Então Neemias se afastou daqueles homens e dirigindo-se à frente, olhou para a multidão que se juntara.

Ficou olhando para todos, sem dizer uma palavra. Permaneceu assim até que o som das vozes foi se dissipando, até ficar em total silêncio.

Neemias olhou a todos com profundidade. Era como se ele pudesse contatar cada um com seus olhos. Seu olhar era uma espada aguda de indignação.

Azareel notou que Esdras estava vestido de pano de saco. Seus cabelos estavam emaranhados e tinha uma expressão de desgosto estampada no rosto.

Voltou então sua atenção a Neemias, que

com voz forte, começou a falar:

- Povo de Jerusalém, não fiquem assustados! Só estou limpando a casa de Deus! (Parou por alguns segundos. Queria ter a certeza de que tinha a atenção de todos.) Sim, limpando a casa! (Repetiu de modo solene.)

Foi uma frase forte que penetrou o coração de Azareel. Ele também tinha que limpar sua casa!

Neemias continuou:

- O que vocês estão presenciando é só um ato a favor do nosso povo e da nossa fé! Quando saí daqui, anos atrás, após dar início à reconstrução do Templo, das muralhas e portões da nossa amada cidade, eu não podia imaginar que o nosso povo, depois de tudo o que passou, do cativeiro na Babilônia, bem como o milagre de o rei Ciro ter permitido nossa volta, e mesmo depois de todos os obstáculos que enfrentamos nessa reconstrução, eu fico a pensar como é possível que ainda muitos não tenham entendido o que realmente tudo isto significa!

Neemias desceu mais alguns degraus e continuou:

- Nós temos muitos inimigos, vocês sabem, mas hoje eu declaro que pior que esses inimigos, são aqueles que se dizem parte do nosso povo, e que ao invés de se unir a nós em propósito e coração, se vendem por prata, poder e ganância! Quebram os mandamentos, violam os estatutos, desrespeitam as ordenanças de dia e de noite. Não se envergonham! Abusam dos seus próprios irmãos aos quais deveriam ajudar a se restabelecer com dignidade nesta terra. Roubam-lhes o seu sustento, oprimindo e afligindo. Tiram dos pobres. Não têm escrúpulos!

Quando eu vim da primeira vez como seu governador, por doze anos lhes servi. Nunca abusei dos meus privilégios, mas os que vieram após mim, não fizeram outra coisa, senão tirar vantagem do seu posto, causando aflição, exercendo domínio injusto, tirando proveito de quem bem entendesse. Mas eu nunca fiz isso, porque sempre temi ao Senhor, nosso Deus.

E vejo que por falta de amor ao nosso Deus, sacerdotes que deveriam proteger e guardar este lugar santo, em troca de privilégios, se vendem a homens pagãos, permitindo que se viole esta casa santa com suas imundícies. Mas isto acaba aqui e agora! Vou me certificar de que todas as câmaras do Templo sejam purificadas. Vamos reunir todos os levitas, todos os que por direito deveriam servir nesta casa! Os utensílios do Templo vão voltar aos seus devidos lugares! E dos magistrados vou inquirir o porquê de terem abandonado a casa de Deus!

Desde que voltei, depois de ter sido informado e visto com meus próprios olhos o que acontece por aqui, como o nosso próprio povo abandonou nossa cidade, me entristeci e chorei por vocês, pelos nossos antepassados, que tanto sonharam e nunca viram o tempo da nossa volta. Uma profecia, sobre um rei com um nome que ninguém conhecia, anos se passaram até que se provou ser verdadeira, que esse rei foi Ciro, um persa, que obedecendo ao chamado de Deus de ser nosso libertador, nos permitiu voltar à nossa terra natal, herdá-la, reconstruí-la e restaurar o nosso amado Templo! Como é possível, que dentre todos os povos, o nosso, que viveu este tão grandioso milagre, ainda não entendeu seu papel e sua responsabilidade!

Enquanto Neemias falava e andava de um lado para o outro, mais e mais pessoas se ajuntavam. Estavam alarmados com suas palavras. Mas era tudo verdade! Ele continuou:

- Vocês então me perguntariam, do que está falando esse homem? Eu respondo: Não estão as pessoas em Judá, no dia do Sábado, carregando seus jumentos com feixes de peixes para comercializar? Não estão também carregando vinho, uvas, figos e todas as espécies de cargas, no dia santo do Senhor? Vendendo toda espécie de mantimentos? Não estão os tírios entrando na nossa cidade, carregados de mercadoria e negociando com nosso povo, profanando o dia do Sábado? Não foi isso o que nossos pais fizeram, no que acabou por trazer tamanho mal sobre esta cidade no passado? Não foi suficiente nossa condenação? Queremos então acrescentar mais ardor à ira de Deus sobre Israel, profanando o Sábado?

Bem, nesta altura todos que estavam ali, sabiam que ele estava denunciando a verdade. Que o modo como as coisas estavam sendo conduzidas pelo povo iria acabar. Que eles não iriam mais fingir que o que acontecia era algo natural, e que não tinha a menor importância. Ficou claro que Neemias iria tomar uma providência. E eles iriam saber, ali e agora.

Mas Neemias tinha mais acusações contra o seu povo. Desceu mais alguns degraus, para mais perto das pessoas, que o olhavam consternados e ansiosos.

- Meus irmãos, por causa destas coisas eu lhes digo que minha tristeza é grande! Mas não para por ai, e eu tenho que lhes declarar que minha tristeza então não é só grande, é imensa! E eu vou explicar o porquê: Desde que retornei tenho visto que muitas das nossas crianças nem mesmo falam a nossa língua, mas usam a linguagem de suas mães estrangeiras! (Azareel empalideceu, sentiu um fogo arder dentro do seu peito.) Elas não falam hebraico! O que está se passando por aqui? Homens que ocupam posições no sacerdócio, envolvidos com mulheres estrangeiras, não têm se separado dos povos desta terra, seguindo as abominações dos cananeus, dos heteus, dos perizeus, dos jebuseus, dos amonitas, dos moabitas, dos egípcios e dos amorreus! Porque tomaram das suas filhas para si e para seus filhos, assim misturando a linhagem santa com os povos dessas terras!

Sendo que até os príncipes e magistrados foram os primeiros nesta transgressão! Esqueceram-se do mandamento de Deus que diz: "Não dareis as vossas filhas e filhos, e não tomareis mais suas filhas e filhos para vossos filhos, nem para vós mesmos! Por que por ventura não pecou Salomão, rei de Israel, não havendo entre muitas nações rei semelhante a ele? E sendo ele um ser amado do seu Deus que o pôs como rei sobre toda Israel, eu pergunto: como ele pecou? Recebendo para si mulheres estrangeiras que acabaram fazendo-o pecar! Vocês querem trazer esse mesmo mal para o meio de nós outra vez?

Foi então que alguns homens se aproximaram e tentaram se defender, alegando que não havia mal algum eles serem casados com mulheres estrangeiras. Um deles afrontou Neemias, o que o deixou muito nervoso, e ele o agarrou pelos cabelos da cabeça, e segurando-os firme, e tendo-o face a face, recitou o mandamento outra vez, e o enxotou dali. Ficando nas mãos de Neemias um tufo dos seus cabelos.

Então voltando-se para a congregação disse:

- Também sei que temos aqui parentes do nosso inimigo, Sambalate, que servem nesta casa, como sacerdotes - como você Jodaia!

Houve um murmúrio e o tal Jodaia saiu às pressas do lugar; provavelmente com medo de perder um tufo dos seus cabelos também.

Quando Neemias viu o homem sair apressado descendo as escadarias, riu porque considerou aquilo patético e gritou:

- Corra Jodaia, corra, porque hoje nós vamos pôr esta casa em ordem!

Então Esdras que estava junto a porta do Templo, com outros sacerdotes, desceu e ficou ao lado de Neemias. E começou a falar:

- Povo de Jerusalém, foi feito um conselho e chegamos à conclusão que algo tinha que ser feito a respeito deste grande pecado, com que os homens da nossa nação pecou!

Não pensem que foi uma decisão fácil, que não oramos e jejuamos a esse respeito. Testifico que muitas lágrimas foram derramadas por causa desta situação! Mas hoje venho declarar que deste dia em diante, queremos os nomes de todos os que estão casados ou envolvidos com mulheres estrangeiras! E quanto a essas mulheres que não se converterem ao Deus de Israel, os homens deverão deixá-las bem como a seus filhos, com o risco de perderem tudo o que têm em termos de propriedades e privilégios!

Ouviu-se um "Ahhhh!" (Azareel sentou-se em um dos degraus, pois mal podia ficar em pé.)

- E digo mais, que cada homem que esteja nesta situação se apresente e confesse seu erro, e se não for assim, sofrerá as penalidades e não será contado como nosso povo!

Neemias então colocou seu braço sobre o ombro de Esdras e falou bem alto:

- Em mais algumas horas o Sábado vai começar. Quero que todos os homens se juntem e vão aos portões e os fechem todos antes do Sábado começar para que nenhum comerciante ouse passar pelos portões da cidade! Povo de Jerusalém, nós não somente voltamos para reconstruir o Templo e as muralhas que estavam caídas e semidestruídas, mas também para reconstruir as muralhas em volta de nossa alma, e proteger nosso coração contra o mal da idolatria, das orgias, da prostituição e dos horrores que acontecem nos altos das colinas, que com força descem e entram em nossas casas e em nossas vidas. Agora vão! E façam o que eu lhes mandei!

Azareel desceu as escadarias do Templo de forma exasperada por causa das coisas que ouvira. E ainda mais, porque esquecera completamente de circuncidar seu filho. Ele já tinha mais de dois meses de idade e ele sabia que sempre no oitavo dia depois do nascimento todo filho homem deveria ser circuncidado. Binui o alertou, mas ele acabou procrastinando e se esqueceu. Que espécie de judeu ele se tornara? Estava chocado consigo mesmo.

CAPÍTULO 17
JANIR E SUA MÃE

Janir por sua vez passara sua manhã em total deleite junto ao seu bebê. Estava encantada! Não conseguia desviar sua atenção daquela linda criança. Sua felicidade era completa.

Lembrou-se da sua mãe e de como seria maravilhoso tê-la por perto, e desfrutar daquele momento juntas. Tentou imaginar qual seria sua reação ao ver que lindo netinho ela ganhara! De repente encheu-se de melancolia. Fazia muitos anos desde a morte da sua mãe. Mas agora ela tinha Azareel e o bebê. Gostava de sentir-se ocupada e necessária. Nem podia imaginar sua vida sozinha e tendo que lidar com Simeia.

Foi pensar em Simeia e esta entrou na casa, assim como se fosse a casa dela. Antes de cumprimentar ou dizer uma palavra à Janir, prostrou-se no chão diante dos baalins e fez inúmeras reverências e beijou as estátuas.

Janir ao ver aquilo criou coragem para falar com sua tia sobre aquela situação.

- Tia, preciso lhe pedir um favor.

- O que quer?

- Espero que não se ofenda com meu pedido. Com certeza não fará sentido para a senhora, mas quero que saiba que é importante para mim... e para Azareel.

- Fale de uma vez, não gosto de rodeios, você sabe!

- Eu quero lhe pedir que leve daqui de casa os baalins, e que os ponha de volta na casa do meu pai.

- O quê? Como assim? Levar daqui os baalins, as representações do nossos deuses, de nossa crença?

Janir sentou-se. Tinha que se preparar para uma batalha. Tinha que pensar com cuidado sobre cada palavra que proferisse. Não é uma coisa fácil dizer a verdade a uma pessoa, principalmente quando se tem parentesco com ela, e quando se sabe que corre o risco de magoar, ferir sentimentos, criar inimizade. Dizem que a "verdade" é algo absoluto, imutável, então seria assim fácil de se constatar. Mas nem sempre, porque nós seres humanos sempre damos um jeito de criar "verdades", de preferência, as que nos agradam.

- Tia, eu preciso que você entenda que a presença dos baalins aqui em casa incomoda meu marido, sim, incomoda muito! E não é de hoje que ele me pede para que os devolva para você, que os retire daqui. Eu não posso mais adiar, e continuar negando isso a ele!

- E por que não? Por acaso vocês não têm sido abençoados? Não estão prosperando? Não são pais de uma linda criança? Nossos deuses têm sido muito generosos com vocês e até com o israelita! E é desse jeito que demonstram sua gratidão, expulsando a fonte de toda a fortuna da sua casa? Vocês são uns ingratos!

- Eu não sou ingrata! Mas tente entender

que meu marido não acredita nos nossos deuses! Ele acredita no Deus de Israel, e você sempre soube disso! (Janir queria relembrar sua tia de que ela apoiara seu casamento com Azareel.)

- Eu sei que ele é judeu! Mas que diferença isto pode fazer? Conheço muitos deles que são casados com nossa gente e não se incomodam com a presença dos baalins; eles aceitam suas mulheres e suas crenças!

- Mas não é o caso de Azareel! Por favor, leve as imagens de volta para a casa do meu pai, pois não quero ter problemas no meu casamento!

- Problemas no casamento! (Simeia repetiu com desdém.) Problemas no casamento você vai ter, assim que eu levar a imagens daqui. Você vai ver a reviravolta que sua vida vai ter. Será terrível! Nossos deuses não são benevolentes com os ingratos como você está sendo agora!

- Tia, já disse, eu não sou ingrata! Nunca vou me esquecer de como me ajudou desde que engravidei; você trouxe meu menininho ao mundo! Não é nada pessoal contra você; é só um detalhe para agradar meu marido. Não estamos desafiando nossos deuses, ou mesmo à senhora! Não julgue que se as imagens saírem daqui, esqueceremos da senhora, isto não vai acontecer. É disso que tem medo?

- Do que você está falando, menina? Pensa que eu tenho medo da vida? Por acaso, não vivi todos esses anos sozinha? Não preciso de você, nem de ninguém! E quer saber mais? Eu não poderia esperar muito de você mesmo. É igual à sua mãe, uma ingrata!

- O que quer dizer com isto? Não fale mal da minha mãe! Ela era uma pessoa maravilhosa!

- Ah, sim, maravilhosa! Uma ingrata, isso, sim!

- E pelo que ela deveria ser grata? Pela vida miserável que levava ao lado do meu pai? E o que diz sobre as outras mulheres dele, que da noite para o dia desapareceram levando todos os objetos preciosos da casa? Sumiram no mundo, deixando meu pai cego e na miséria. Elas sim é que foram ingratas! Eu era criança, mas me lembro de como elas tratavam minha mãe. De como se jogavam no chão em adoração a essas imagens, e que gratidão demonstraram pelos anos de abastança que meu pai lhes dera? Nenhuma! Desapareceram no ar! E só minha mãe e eu ficamos com ele!

- Seu pai era um bêbado e louco, e se elas não tivessem ido embora, teriam ficado na miséria! E sua mãe só não o abandonou também, porque não tinha para aonde ir!

Janir então levantou-se, apontou para as estátuas e falou com firmeza:

- Tia, eu não vou mais discutir com você sobre isso. Pegue suas estátuas e as leve para o lugar de onde vieram!

Simeia, fazendo pouco caso de Janir, deu-lhe as costas e estava para sair da casa, então virou-se e disse:

- Eu tenho um compromisso agora, mais

tarde eu volto para buscá-las, se é este o seu desejo!

Janir respirou aliviada, pois finalmente poderia cumprir sua promessa a Azareel.

Janir saiu da casa para retirar algumas roupas que estavam secas sobre a cerca e viu ao longe, Simeia. Mas não pôde deixar de notar um homem que estava sentado debaixo de uma velha árvore que ficava a uma certa distância da sua casa. Olhou mais atentamente e reconheceu o mendigo, Bani.

Essa não era a primeira vez que ela o via por ali. Pensou que, sendo ele um pobre coitado, que não tinha onde ficar, encontrava embaixo da árvore um tipo de refúgio. O mendigo então levantou-se, e começou a andar em direção à casa de Janir. Ela então ficou um pouco apreensiva, porque não sabia se ele haveria de querer alguma coisa dela, pois estava sozinha. Lembrou-se de que ele tinha sido agressivo com sua tia, há algum tempo atrás. "Será que está com fome?" O mendigo mais e mais se aproximava. E ela ali, parada, sem saber se entrava em casa ou esperava para ver o que ele queria.

- Janir!

- Deia! O que está fazendo por aqui? (Janir suspirou aliviada, não estava mais sozinha, e quando olhou para ver se o mendigo ainda caminhava em sua direção, para sua surpresa viu que ele tomou outro rumo, sem olhar para trás.)

- Eu vim lhe ver e ao bebê!

- Ah! Claro, vamos entrar.

Janir sentiu remorso por ter sido tão medrosa e pensou que ele era só um homem que não tinha família, não tendo onde morar; dependia da bondade alheia. Provavelmente estava com fome. Pobre coitado!

Deia estava encantada com o bebê. Ela vinha de uma família muito grande e estava acostumada com crianças. Deia tinha a natureza muito doce, igual a uma menininha. Vendo Janir, que Deia era tão jeitosa com o bebê, quis aproveitar a oportunidade para sair um pouco. Janir então pediu que Deia tomasse conta de Elão, enquanto ia até sua velha casa buscar um pequeno baú, onde ela havia guardado a única lembrança que sua mãe lhe deixara. Havia se lembrado de um pequeno cobertor que sua mãe tecera especialmente para ela, quando criança. Era azul e branco. Mas seu pai um dia quase o rasgou, depois de ter discutido muito com sua mãe. Janir então o colocou num pequeno baú, e dali nunca mais o tirou, por medo que seu pai brigasse com sua mãe. Ela não tinha entendido o porquê da discussão. Acabou se esquecendo dele. Antes de sair de casa viu os baalins e teve o desejo de levá-los com ela. Mas mudou de ideia, porque sua tia iria ficar ainda mais furiosa, se ela voltasse na sua casa e descobrisse que a própria Janir os retirara de lá. Daí, ia ser uma briga mais feia do que já tinha sido.

- Eu praticamente acabei de amamentá-lo.

Ele vai estar bem pelo menos por umas duas horas, mas antes disso eu volto. Você toma conta dele para mim?

- Claro, pode ir sossegada. Ele está em boas mãos!

- Vou ser rápida!

Quando Janir abriu a porta da sua antiga casa, suspirou aliviada por não mais morar ali. Olhando agora aquele lugar, percebeu o quanto era precário e triste. O cheiro ainda era o mesmo. Agora tinha outros objetos que pertenciam à sua tia, espalhados pela casa.

Mas estava com pressa, tinha que voltar logo. Foi direto onde ela havia guardado o pequeno baú de madeira, e o encontrou exatamente onde deixara. Ficou aliviada de ver que sua tia não havia mexido nele.

Abriu e lá estava, o cobertorzinho azul e branco. Já não estava tão azul, e o branco estava amarelado. Mas não tinha importância, ela iria lavá-lo e iria ficar lindo de novo. A única lembrança da sua mãe, algo que ela fez para ela com tanto amor.

Apertou o cobertor contra o peito e lágrimas caíram dos seus olhos. As lembranças vieram, fortes. Era como se o tempo tivesse voltado e ela podia ver sua mãe se movendo pela casa, sempre cabisbaixa, sendo humilhada pelas mulheres do seu pai, e às vezes chutada pelas crianças delas. Seu pai nunca a defendera e às vezes até achava engraçado. Poucas vezes a viu sorrir. Mas lembrou-se de uma ocasião que em épocas de chuva colocavam-se potes fora da casa para colher água. Janir era pequena, entre cinco e seis anos de idade. Depois de uma chuva pesada que caíra à tarde, o céu ficou limpo. A noite trouxe a lua cheia com toda a sua força, dominando esplendorosamente o céu.

Janir saiu da casa e olhando dentro do tacho de água, viu a lua refletida. Então imaginou que a lua tivesse caído lá dentro, bravamente decidiu salvar a lua de afogamento e se jogou dentro do tacho, que com o peso do corpinho dela rodopiou, virou e quebrou. Sua mãe ouvindo o barulho, saiu e viu sua filha toda molhada, e o tacho em pedaços. Quis saber o que aconteceu, e como ela foi parar dentro do tacho. Quando ela explicou que queria salvar a lua de se afogar, sua mãe riu, riu, e riu. E se naquela noite Janir não salvou a lua, pelo menos, por alguns momentos, salvou sua mãe de sua interminável tristeza.

Obviamente as mulheres do seu pai contaram para ele que Janir havia quebrado o pote cheio de água. Ele ficou furioso e quis espancá-la. Mas sua mãe se colocou na frente e não o permitiu. Naquela noite ela dormiu com sua mãe, as duas bem juntinhas. "Eu sempre vou amar você minha mãe querida, nunca vou lhe esquecer!"

Saiu daquela casa com o coração contente, porque não morava mais lá; tinha uma outra vida, a lembrança de sua mãe iria com ela para fazer parte de uma outra estória que haveria de ser uma estória feliz.

CAPÍTULO 18
A VERDADE SOBRE MIRIAM

Janir passou em frente ao comércio do Binui.
Ele vendo-a passar, chamou-a, pois queria
dar-lhe algumas frutas. Mas ela estava com
as mãos ocupadas e não tinha sua cesta
com ela. Agradeceu e prometeu que voltaria
outra hora.

Simeia voltou à casa de Janir e surpresa viu
que Deia estava tomando conta do bebê.

- Onde está Janir?

- Ela foi até à casa do pai dela pegar uma
"coisa" que ela esqueceu por lá. Mas volta
logo.

- O que ela poderia ter esquecido lá que não
trouxe quando se casou?

- Ela não me disse o que era, mas logo vai
voltar, então a senhora poderá perguntar a
ela.

Simeia, demonstrando que não gostou da
resposta de Deia, virou-se e foi até onde
estavam os ídolos. O bebê que estava na

cama, no quarto ao lado, começou a chorar. Deia foi até lá para pegá-lo no colo.

Simeia se curvou, pegou um dos ídolos e o beijou, e começou a balbuciar palavras incompreensíveis.

Subitamente Azareel abriu a porta, e viu Simeia ali, adorando os ídolos. Depois do que ouvira de Neemias e de Esdras, chegar em sua casa e encontrar a tia de Janir ali em estado de adoração... não pensou duas vezes, puxou-a para o lado, sem dizer palavra, agarrou num só punhado todos os ídolos, inclusive o que ela segurava, e foi para fora de sua casa.

Simeia correu atrás dele puxando sua roupa, querendo saber o que ele pretendia fazer com as estátuas. Mas ele a ignorava e ia em frente, até que chegou num descampado cheio de matos secos, começou então a atirar os ídolos para bem longe.

- Nãooooo! Você ficou louco??? Não faça isso!!!

- Nunca mais traga esses bonecos de barro

para minha casa! Você é tia da minha mulher, e é só isso! Você tem sua casa, adore seus ídolos lá!

- Seu israelita miserável! Ingrato! Você vai pagar por esse seu ato insano! Eu ajudei você a se casar com Janir, o pai dela lhe odiava! Preferia até vender Janir para os árabes do que permitir que você chegasse perto dela. Eu sabia que vocês se encontravam e eu... (Simeia ia contar como Arah morrera, queria que Azareel soubesse que por causa dela ele pôde se casar com Janir, mas mudou de ideia.) Eu escondi dele, não denunciei vocês e é assim que você me paga?

- Eu não pedi sua ajuda para nada! Eu não sei o que você fez ou deixou de fazer, mas uma coisa eu sei: Que eu e Janir iríamos ficar juntos independentemente de você ou do Arah!

- Isso é o que você pensa! Você não conhecia meu irmão!

Azareel deu meia volta e deixou-a

esperneando no meio do campo, gesticulando e amaldiçoando-o. Chorava, e tentava encontrar os ídolos, ou os pedaços que foram espalhados.

Quando Azareel chegou de volta à porta da sua casa, voltou seus olhos para o campo e vendo ao longe Simeia como uma desesperada, caiu em si, e constatou que provavelmente fora longe demais. Podia ter lidado com a situação de uma maneira melhor. Então pensou qual seria a reação de Janir quando soubesse o que ele fez. Que explicação teria para dar? As palavras de Neemias e Esdras criaram um turbilhão dentro da sua alma, e simplesmente se descontrolou. Mas como Janir poderia entender seus motivos, se ela não sabe nada, ou quase nada a respeito do Deus de Israel que ele tanto quer convencê-la a acreditar e seguir? Pensou até em voltar atrás no campo e ajudar Simeia a encontrar os cacos dos ídolos, e desculpar-se pelo seu ato impensado. Mas agora era tarde demais, tinha que enfrentar as consequências. Entrou em casa e deu de cara com Deia. Ficou surpreso.

- O que está fazendo aqui, Deia? Onde está Janir?

- Ela foi à sua antiga casa, mas está para voltar. Onde está Simeia? Ela estava agora há pouco aqui. Eu ouvi uns gritos, o que aconteceu?

- Ah, eu e a tia da Janir tivemos um pequeno desentendimento. Ela se foi. Bem eu vou atrás de Janir. O bebê está bem?

- Sim, está dormindo. Então vá, eu continuo aqui tomando conta do Elão. Não se preocupe porque ele está em boas mãos!

Azareel pensou que Janir estava em casa, mas agora tinha que encontrá-la antes de sua tia. Assim teria uma chance de diminuir o impacto do que fizera. Tinha que achar as palavras certas para se justificar. A frase que Esdras proferira de que "aqueles que fossem culpados de estarem casados com mulheres estrangeiras, tinham que confessar" corroía sua mente e fazia seu coração desfalecer. Como convencê-la a vir para o seu lado e aceitar sua fé? Estava em pânico.

Então ouviu um barulho. Foi para fora da casa e viu que era Gazão com a carroça cheia de peles de lã.

- O que está fazendo aqui? Não era para você estar comercializando nossas lãs? O Sábado vai começar em poucas horas e os portões vão ser fechados!

- Como assim, os portões vão ser fechados?

- Não importa, é uma longa história.

- Exato, eu não tenho tempo para uma longa história, minha esposa está para dar à luz. Conto com você meu amigo para levar nossas lãs ao mercado!

Azareel notou então que o irmão da esposa de Gazão estava a cavalo acompanhando Gazão.

- Mas eu tenho que encontrar Janir... Ah, deixa pra lá. Seu caso é urgente! Vá, até sua esposa, eu vou até os árabes. Boa sorte para você, e me dê notícias!

- Obrigado, amigão!

Janir estava caminhando tranquila para sua casa, e ao passar em frente da casa do amigo do seu pai, o qual sempre lhe oferecia figos frescos, notou que ele estava do lado de fora da casa, colhendo figos das muitas figueiras que tinha em sua propriedade. Ele então, vendo-a, correu ao seu encontro, estava com as mãos cheias de figos maduros. Estendeu as mãos e os ofereceu à Janir.

- Não, obrigada. Outro dia, talvez!

Janir continuou adiante. Mas não prestou atenção numa pedra que estava no seu caminho, tropeçou e caiu, e o pequeno baú abriu-se, revelando seu conteúdo.

Quando o homem viu o cobertorzinho, ficou surpreso. Ajudou-a a levantar-se.

- Onde você conseguiu este cobertor?

- É meu, minha mãe o fez para mim quando eu era criança.

O homem mudou seu semblante e Janir notou que seus olhos se encheram de lágrimas.

- Por que está assim? (Janir quis saber.)

- Eu sei que você não entendeu o porquê de eu não ter-me juntado a vocês no dia do enterro do seu pai. Eu sei que você pensa que eu e ele éramos amigos.

- E não eram?

- Num determinado momento de nossas vidas, sim, mas depois nos separamos, tivemos muito pouco contato.

- Mesmo morando tão perto um do outro? E os figos que o senhor fazia questão de me dar cada vez que tinha oportunidade?

- Não eram realmente para ele... eram para sua mãe e para você. Depois que ela morreu senti que deveria continuar a adocicar sua vida com figos frescos.

- Adocicar minha vida com figos frescos? Por que o senhor acha que minha vida precisava ser adocicada? O senhor conhecia minha mãe? De onde?

- É uma longa história, quem sabe um dia eu lhe conto.

- Estou com pressa. Deixei meu pequenino com minha amiga, talvez eu volte outro dia para ouvir sua longa história.

Aquela era uma conversa estranha, Janir ficou intrigada. O que aquele homem tinha a ver com sua mãe, com seu pai, ou mesmo com ela? Todos esses anos ela pensou que ele e seu pai fossem amigos. Ela vira seu pai conversar com ele algumas vezes quando passavam em frente da sua casa, mas sempre foi uma conversa rápida. Depois que seu pai ficou cego, o homem dos figos nunca foi visitá-lo, mas sempre dava os figos.

Começou a andar em direção à sua casa. Parou por alguns segundos, e voltando-se para trás, viu o homem voltar lentamente para onde estava antes, colhendo os figos. Ficou assim observando, então deu meia volta. Já que Deia estava tomando conta do Elão, não iria deixar para outro dia a longa história. Iria, no entanto, pedir um resumo, mas não sairia de lá sem saber.

Entrou pelo quintal e pegou o homem de

surpresa.

- Senhor, bem, eu nem sei se sei o seu nome, ou se algum dia eu o soube, não me lembro. Sempre o chamamos de o "homem dos figos". Me desculpe.

- Meu nome é Zacai.

- É isso mesmo - Zacai!

- Pois então, Senhor Zacai, eu tenho algum tempo, se o senhor puder fazer um resumo da sua "longa história," eu agradeço. Creio que está na hora de eu saber, seja lá o que for que o senhor sabe a respeito da minha mãe e do meu pai! Como deve saber, minha mãe morreu quando eu tinha doze anos de idade. Conheço muito pouco sobre ela, meu pai não falava a respeito dela. Então me conte, por favor.

O homem abaixou a cabeça. Viu que Janir estava decidida.

- Eu nem sei por onde começar.

- Pelo começo!

Zacai sorriu. Buscou dois banquinhos de madeira e pediu que ela se sentasse.

- Eu conheci seu pai quando ainda muito moço. Não sei se sabe, mas seu pai vem de uma linhagem de artesãos de cobre e bronze, que data desde quando o Rei Salomão era nosso rei. (Janir arregalou os olhos ao ouvir aquilo.) Zacai continuou: "Os seus descendentes por parte de pai, foram permitidos sobreviver quando os Assírios atacaram o reino do norte, e a razão disto foi porque tinham grande habilidade com esses metais, habilidade esta que foi passando de geração em geração até chegar em seu pai. Eu sei que ele escondeu de você e de todos aqui, mas ele é descendente da tribo de Naftáli, uma das tribos de Israel."

Janir levantou-se abruptamente:

- O senhor deve estar brincando! Meu pai descendente de Israel? Como assim? Ele odiava os judeus, o povo israelita, ou qualquer um que tivesse ligação com eles. Eu o vi muitas vezes recusar-se a trabalhar para eles!

- Eu sei, seu pai também vem de uma

geração de homens que deram pouca importância à sua linhagem, tanto que nunca se preocuparam em preservar nada que dissesse respeito ao seu passado. E assim foram se casando com mulheres de qualquer raça. Mas o que colocou seu pai realmente contra os judeus, ou os israelitas, é que havia um judeu muito próspero que era dono de um grande rebanho de carneiros. Ele negociava com todos por aqui. E também havia um árabe que de todos os comerciantes era o que mais comprava e fazia negócios nesta região. Um homem muito rico. Suas caravanas eram sempre esperadas com grande ansiedade pelos comerciantes locais. Eu soube que esse árabe estava à procura de um artesão de cobre, pois ele queria que alguns trabalhos fossem feitos na sua moradia, que muitos afirmavam ser um palácio. Era um serviço bem grande. Sabendo disso, fui até seu pai, para que ele se oferecesse para o trabalho. Nós trabalhávamos juntos, mas seu pai era o mestre, eu o ajudante. Ficamos muito animados. Fomos falar com o árabe a respeito do serviço. Mas quando chegamos lá estava ele negociando com o judeu, negociante de lãs, que também era tingidor. Fazia trabalhos extraordinários. Nós entramos na tenda, e eles pararam de conversar. O árabe quis saber o que queríamos. Ficamos assim meio tímidos de falar na frente do outro homem. Mas o árabe insistiu que falássemos o porquê de estarmos ali. Então seu pai explicou que soube que ele estava procurando um artesão de cobre e ele queria oferecer seus serviços. O árabe se mostrou interessado e pediu que voltássemos no dia seguinte. Mas tanto eu como seu pai notamos que o negociante de lãs reagia de uma forma estranha enquanto falávamos, como se fôssemos assim, desprezíveis aos olhos dele. Através de suas expressões faciais, ficou claro que ele desaprovava nós estarmos ali oferecendo nossos préstimos.

No dia seguinte voltamos para saber se o árabe nos contrataria. Para nossa surpresa, praticamente nos enxotou pra fora da tenda. Ficamos sem entender. Mas seu pai, logo suspeitou que tinha algo a ver com o negociante de lãs, por causa de como ele reagia enquanto falávamos com o árabe. Como você sabe, seu pai não era homem de levar desaforos para casa. Eu não tinha certeza de que o tal judeu fora responsável pelo jeito que o árabe nos tratara, mas seu pai tinha. Procurou o judeu, seu nome era Salum. Os dois discutiram, saíram a tapas, e esse homem realmente confirmou que teve a ver com a recusa do árabe em aceitar seu pai para o serviço, alegando que ele era um bêbado, um homem sem escrúpulos e conhecido na região como desonesto.

- E meu pai era tudo isso?

- Em parte. Ele bebia muito e era grosseiro. Tinha muita gente por aqui que não o suportava.

- Mas o que isso tem a ver com minha mãe?

- O judeu que seu pai confrontou era pai da sua mãe.

- O quê? Como?

- Acalme-se eu vou lhe contar. Seu avô, Salum, tinha cinco filhas, e sua mãe era a mais velha. Ela tinha vinte e poucos anos. Como ele não tinha filho homem, sua mãe o acompanhava sempre quando ele vinha com os carroções de lã para negociar. Seu pai estava cheio de ódio pelo seu avô e queria se vingar. Eu devo confessar que também me ressenti dele. Achei que tinha sido desprezível, atrapalhando nosso negócio. Mas seu pai não se conformava. Então ele fez o inimaginável. Ele sondou os movimentos de sua mãe, aonde ela ia, o que ela fazia, e num dia em que a viu sozinha, a atacou. Ele a violentou, não teve um pingo de piedade. Ela não tinha nada a ver com o que acontecera, mas seu pai queria vingar-se, e esse foi o jeito que ele achou, para extravasar seu ódio. Outra coisa que você não sabe é que o verdadeiro nome da sua mãe é Miriam - não Orfa. Seu pai mudou o nome dela, quando veio morar com ele.

Janir levantou-se e começou a andar de um lado para o outro. Queria dizer alguma coisa, mas as palavras não vinham. Era muita informação. Estava difícil digerir.

- Então minha mãe era filha de judeu! Meu pai, um israelita, descendente de Naftáli, uma das tribos de Israel, e o nome de minha mãe não é Orfa, mas é Miriam. E meu pai... meu pai violentou minha mãe? Não posso acreditar no que está me dizendo!

- Mas é a pura verdade!

- O que aconteceu depois?

- Sua mãe foi largada atrás de um arbusto, no meio do campo, desmaiada. Quando acordou foi para casa e contou o que tinha acontecido. O pai dela era um homem orgulhoso, preocupadíssimo com sua reputação. Ficou enfurecido e obviamente procurou seu pai. Queria explicações. Mas seu pai negou que violentara sua mãe. Disse que eram amantes, e que ela queria ficar com ele, mas ele não a queria. Por isso o acusara de tê-la violentado. Queria se vingar por ter sido rejeitada por ele.

- Como soube de tudo isso?

- Seu pai me contou, rindo, zombando do seu avô. Ele nem se importou com sua mãe, com o que fizera para ela. Naquele dia eu vi como ele era uma pessoa maligna. Recriminei o que fizera e ele me considerou um ingrato, pois havia se vingado por nós dois! Mas eu nunca pedi que se vingasse! Aquilo foi coisa dele! (Zacai estava nervoso. Era como se o tempo tivesse voltado, e ele estava revivendo aquela situação bizarra.)

- Tudo bem, Senhor Zacai, já entendi que não teve nada a ver com o que meu pai fez.

- E não tive mesmo! O que ele fez foi uma loucura: arruinar a vida de uma jovem, que não fizera nada de mal para ele, simplesmente porque era filha de alguém que tinha de alguma maneira nos prejudicado!

- E como minha mãe foi acabar na casa do

meu pai?

- Bem, após a conversa que seu avô teve com seu pai, ele ficou em dúvida se sua mãe estava dizendo a verdade. Era um homem prepotente. Passados alguns meses, soube-se que ela estava grávida. O pai dela, sem coração, a pôs fora de casa. Essa menina ficou pelas ruas, dormindo ao relento. E eu... (Zacai prorrompeu em lágrimas. Olhava para o céu, como que procurando as palavras. Passava nervosamente as mãos pelo rosto.) Janir ficou preocupada porque ele parecia muito tenso. Ele tentava falar, mas sua voz embargava.

- Eu.... Eu fui um covarde! Tive medo do seu pai, e não fiz nada para ajudá-la. Mas ele, o seu pai, foi até ela, porque sabia com certeza que a criança que ela esperava era dele e ofereceu ajuda. E também porque ele não tinha nenhum filho homem. Acho que pensou que a criança que ela esperava poderia ser o filho que ele tanto desejava para passar seus conhecimentos. A pobre moça, que estava na rua da amargura, não teve outra opção, a não ser aceitar ajuda do seu violador. Nunca vou me esquecer quando eu a vi andando na rua logo atrás do seu pai, com roupas rotas e humilhada. Estava claro que Arah não estava interessado em ajudá-la. Ele só queria provar que o que tinha dito era verdade. Ele já tinha duas mulheres e sua mãe iria ser serva delas. Essa foi a vingança dele.

- O que meu avô fez quando soube que minha mãe tinha sido amparada por meu pai?

- Absolutamente nada! Alguns meses depois ele e toda sua família desapareceram daqui. Nunca se ouviu mais nada sobre eles.

Zacai então se aproximou de Janir. E segurando as mãos dela, que estavam trêmulas, olhou-a com carinho, e disse:

- Como eu quis, depois de tudo o que eu vi seu pai fazer com sua mãe, ter ajudado de alguma forma. Não sei se algum dia você me perdoará, por não ter proporcionado a vocês uma vida melhor. Eu sabia que Miriam tinha dito a verdade. Eu poderia ter procurado seu avô e contado para ele o que realmente aconteceu. Eu poderia ter feito tantas coisas, mas não fiz nada!

Janir soltou as mãos de Zacai, levantou-se e olhou para o céu. A tarde estava caindo.

- Senhor Zacai, essas revelações são chocantes para mim. Eu nem mesmo tenho palavras que expressem o que eu estou sentindo agora. Mas não se atormente pelo que aconteceu, está no passado, não podemos mudá-lo. Fico feliz que me contou a verdade. O senhor poderia me dar figos pelo resto da minha vida, mas nunca iria me fazer sentir tão aliviada como estou me sentindo neste momento. Agora eu posso entender muitas coisas: a tristeza da minha mãe, o porquê de ela ser tão maltratada na casa do meu pai. Mas acima de tudo, eu agora sei que sou uma israelita! Não sei dizer entre meu pai e meu avô qual dos dois agiu pior nesta história toda. Meu pai, um monstro, e meu avô? Que pai é esse, que por causa de sua honra ferida, abandona sua filha numa situação dessas?

- Mas agora você está casada com Azareel. Ele é um homem bom e sua estória vai ser bem diferente. Sua mãe se sacrificou por você e certamente, onde ela está, está em paz, porque você está feliz!

- Isto mesmo! Senhor Zacai, eu estou feliz! Agora vejo o porquê das mulheres do meu pai serem tão rudes com minha mãe. Ela não era uma delas, ela não se curvava diante das imagens dos baalins! Não é à toa que minha tia não fizesse caso dela; minha mãe não era uma adoradora de Baal, mas ela amava - sim, o Deus de Israel!

- Eu sei que meu silêncio causou grande dor para vocês, por isso sempre que tinha oportunidade eu tentava com meus figos adoçar um pouco suas vidas!

- Senhor Zacai, nem todo figo deste mundo teria o poder de aliviar a dor e humilhação que minha mãe passou. Obviamente, o senhor tinha boas intenções, mas a "verdade" é a única coisa que tem o poder de adoçar, amenizar, ou até curar os sentimentos feridos de alguém. Eu descobri a verdade do meu passado, do passado do meu pai e da minha mãe, inclusive do pai dela, e por mais amargas que essas verdades possam parecer, cobriram meu coração de mel porque agora eu posso ir em frente, sem medo. Eu amo e sou amada, e mal posso esperar para contar ao meu marido, que eu também, como ele, sou "israelita!"

Janir abraçou Zacai, e beijou-o na testa.

- Agora eu vou indo. Obrigada por tudo!

Binui saiu do seu comércio e viu Janir saindo da propriedade do Zacai. Ele viu quando ela entrou, e notou que se demorou por lá mais tempo do que de costume, quando só ia para pegar uns figos. Ficou cismado. Será que Zacai finalmente resolveu abrir seu coração para Janir e contar tudo? "Espero que não tenha mencionado meu nome!"

(Pensou.)

Entrou no seu comércio e sentou-se num caixote. Então, as lembranças do seu passado e o que ele tinha a ver com a mãe de Janir começaram a passar por sua mente. Imagens que ele se esforçara tanto para esquecer. Ele amava Miriam, mãe de Janir. Estava para se declarar, e pedi-la em casamento, mas quando soube do que acontecera entre ela e Arah, ficou decepcionado. Tinha certeza de que era correspondido, a troca de olhares quando se encontravam, os sorrisos tímidos que trocavam. Como ela pôde fazer aquilo com ele? Não se podia confiar nas mulheres. Depois viu ela andar nas ruas, dormir debaixo de árvores. Seu rosto lindo coberto de poeira, suas roupas sujas, mendigando, além do mais, grávida de Arah!

Pensou em resgatá-la, fugir de lá com ela, ir para qualquer lugar onde ninguém soubesse do que acontecera. Ela podia estar dizendo a verdade. Mas como saber? Então se soube que ela tinha ido morar com Arah. Não havia mais nada a fazer.

Uns dois anos se passaram e Zacai veio até seu comércio. Binui notou que ele havia bebido muito vinho. Ficou surpreso de vê-lo assim. Então, ele acabou contando para Binui o que realmente acontecera entre Miriam e Arah. Binui ficou indignado com a frieza de Arah e também ficou arrasado, porque viu o quanto tinha sido covarde! Podia ter perguntado para ela, podia ter acreditado nela! Podia ter feito tanta coisa, e não fez nada!

Mas Miriam estava morando com Arah, o pai da criança. Teve esperança de que tudo no fim iria ficar bem. Ele tinha perdido sua amada para um homem sem escrúpulos. Mas era tarde demais para ser o herói que poderia ter sido. Porém o tempo vingou-se da sua falta de coragem, de ousar fazer o que é certo, mesmo quando é difícil fazê-lo. Assistiu de perto a tristeza e melancolia de sua amada, que presa pela necessidade de sobreviver, se sujeitou a grandes humilhações. Binui pressentiu fortemente que Zacai contara para Janir sobre o passado. Se ele mencionou seu nome, não tinha como saber. Porém mais cedo ou mais tarde, sua participação nessa história iria vir à tona.

Enquanto Binui estava divagando entre as linhas finas do passado, viu passar Bani, o mendigo. Fazia algum tempo desde que ele viera até seu comércio. Binui quis chamá-lo para dar-lhe algumas frutas. Foi até à frente do seu comércio, gritou pelo seu nome, mas ele pareceu não ter ouvido. Caminhava rapidamente.

CAPÍTULO 19
O ÁRABE

Azareel tinha que agir rápido. Sabendo que os portões iriam fechar para o Sábado, apressou-se para o portão e lá estava o seu melhor freguês.

- Azareel, meu amigo, está atrasado!

- Eu sei, meu sócio é que deveria ter vindo, mas sua esposa está para dar à luz, então eu vim no lugar dele!

- Mas é sempre um prazer revê-lo!

O árabe começou então a verificar a mercadoria, e enquanto o fazia, Azareel não pôde deixar de notar a enorme tenda que esses árabes costumavam montar do lado de fora do portão. Era uma tenda muito bem ornamentada com finos tecidos, cheia de tapetes, almofadas macias, parecia muito confortável. Esses árabes sempre viajavam em grande estilo. Eram muito abastados. Muitas mulheres os servindo, muitos ajudantes e escravos. Mas no fundo da tenda, Azareel notou um homem, também de descendência árabe, que era bem avançado de idade. Ele estava sentado, comendo de um prato de tâmaras que estava à sua frente. Azareel o vira algumas vezes quando vinha comercializar suas peles. Notou que da última vez quando trouxe Janir com ele, o velho árabe não tirava os olhos dela. Isso até o irritou um pouco. E lá estava ele, de novo, olhando fixamente para ele.

- Quem é aquele ancião lá dentro da tenda?

- Ah! É meu pai! Depois que assumi nossos negócios ele viaja conosco às vezes. Mas vive dizendo que logo vai encontrar o caminho da boa terra, então quis vir comigo desta vez, que ele afirma será a última. Mas ele tem uma saúde de ferro. Não acho que vai morrer tão cedo!

O velho árabe levantou-se e veio na direção de Azareel.

- Você é marido da filha de Miriam?

- Miriam? Não o nome da mãe da minha esposa é Orfa.

- Não, eu tenho certeza que o nome da mãe de sua esposa é Miriam! Sua esposa não é filha de Arah?

- Sim, ela é filha de Arah!

- Fico feliz!

Azareel achou estranho que aquele homem mencionasse a mãe da sua esposa. Mas provavelmente ele estava enganado, porque Arah tinha tido outras mulheres e filhas. Porém ficou curioso. O homem virou-se e foi para dentro da tenda.

Antes mesmo que ele se sentasse, notou que Azareel estava logo atrás dele. Então convidou-o para que se sentasse.

Azareel esquecera-se, por um momento, que estava com pressa, e sentou-se.

- Por que diz que a mãe de Janir era Miriam e não Orfa? Talvez o senhor esteja equivocado, porque o pai de Janir, minha mulher, teve outras mulheres e filhas.

- Eu não estou enganado! Eu conheci Miriam quando ela ainda era mocinha. Vinha aqui com o pai dela para negociar lãs, assim como você, neste mesmo lugar!

- A mãe de Janir? Vindo aqui com o pai negociar lãs? Mas como? (Azareel agora tinha certeza que o velho árabe estava confuso. Talvez fosse a idade.)

- O pai dela era um grande tingidor de lãs, o melhor que já conheci. Ele tinha cinco filhas, coitado, nenhum varão para ajudá-lo a tocar os negócios. Miriam era a mais velha, e sempre acompanhava o pai. Nós éramos muito amigos, mesmo sendo ele judeu!

- O quê? O pai de Miriam judeu? (Algo estalou dentro do cérebro de Azareel.)

- Sim, judeu! (Falou o velho árabe balançando a cabeça várias vezes.) Eu e o pai dela, Salum, negociamos por muitos anos, até que de repente ele sumiu, nunca mais o vi no mercado. Então para minha surpresa, anos mais tarde, esse Arah, um homem odioso, artífice de cobre me apareceu por aqui, com sua filha de uns cinco a seis anos de idade e queria vendê-la para mim. Seu nome era Janir. Ele estava bêbado, e eu fiquei com pena da menina. Mas então eu vi Miriam correndo em nossa direção, ela agarrou a pequenina e saiu apressadamente. Então eu entendi que ela era filha dela. Só poderia! Só não ficou claro para mim o porquê de Miriam ter uma filha com aquele homem, sendo que o pai dela não o suportava!

Azareel ficou zonzo com aquelas palavras. "A mãe de Janir filha de judeus!" As palavras ecoavam dentro da sua mente.

- O senhor tem certeza do que está me contando?

- Sim, depois de Arah tentar vender a menina para mim, eu a vi várias vezes com a mãe. Mas Miriam não falava comigo, sempre baixava a cabeça, nunca me encarava. Passados alguns anos nunca mais a vi. Mas nunca me esqueci nem dela, nem da menina Janir.

- O senhor não imagina o quanto apreciei ouvir suas palavras. Mas preciso voltar logo, preciso encontrar Janir, obrigado! Não faz ideia de como essas informações vão abençoar nossas vidas! Mais uma vez muito obrigado!

Azareel levantou-se, saiu da tenda e nem mesmo recebeu o pagamento das lãs que vendera. Subiu na sua carroça, e saiu em disparada. O filho do árabe ficou vendo Azareel desaparecer em meio à poeira, sem entender nada.

- O que o senhor falou com ele, meu pai, que o fez sair assim como um louco?

- Nada de tão importante!

Simeia voltara para a casa de Azareel, com os braços carregados com os cacos dos seus ídolos de barro. Seus olhos estavam inchados, extremamente vermelhos de tanto chorar. A mulher estava pálida, parecia que todo o sangue do seu corpo se concentrava nos olhos. Deia estava segurando Elão quando viu Simeia depositar os pedaços dos ídolos no mesmo lugar onde estavam antes. Ali, deitou-se no chão, beijou os cacos e ao levantar-se deparou-se com Deia e a criança nos braços.

- O que aconteceu Dona Simeia? Por que está assim e onde achou... O que são esses cacos?

- Seu querido amigo, marido da minha sobrinha, um judeu miserável e mesquinho, quebrou meus ídolos, e os jogou no campo! (Deu um grito de ódio!)

- Mas por que ele fez isto? (Deia estava atemorizada!)

- Por que é um ingrato; não, os dois, são ingratos! Sim, sua grande amiga! Depois de tudo o que fiz para ajudá-los a se casarem e progredir. Veja a abastança que eles têm nessa casa! E tudo por causa da minha devoção aos nossos deuses. Mas eles odeiam os nossos deuses! Azareel quebrou-os todos e os jogou no campo como se fossem lixo! Eu odeio esse israelita maldito! Eu odeio Janir! Ela é como a mãe dela, uma judia ingrata!

Deia estava agora assustada de verdade. Não só com os gritos, mas também com as palavras. A mãe de Janir, judia? Janir, judia? Simeia devia estar fora de si para dizer aquelas coisas!

Enquanto Simeia andava de um lado para o outro, esbravejando, Deia tentava tapar os ouvidos do Elão para não acordá-lo com aqueles gritos. Resolveu levá-lo para o quarto e colocá-lo na cama. Quando voltou, Simeia ainda falava alto; gesticulava, estava descontrolada e inconformada de ver seus ídolos naquele estado.

Cautelosamente, Deia aproximou-se de Simeia e pediu gentilmente que se sentasse.

- Eu vou buscar um pouco de leite fresco de cabra, que eu sei, que a senhora adora! Tente se acalmar, Janir está para chegar, e ela vai conversar com Azareel sobre o que ele fez.

Simeia sentou-se de frente para os ídolos. Olhava-os como se eles estivessem sofrendo tanto quanto ela. Não disse que sim, nem disse que não para o leitinho fresco de cabra.

Deia foi até o quintal buscar o leite. Quando voltou, não encontrou Simeia. Então bebeu o leite que trouxera para ela. Menos mal, que ela se fora. "Talvez não seria uma boa ideia ela confrontar Janir do jeito que estava, cheia de ódio". (Concluiu Deia.) Os cacos dos ídolos ainda estavam no mesmo lugar.

Deia dirigiu-se então ao quarto para ver se Elão estava bem. E para sua surpresa, a cama estava vazia.

Saiu correndo pela porta para ver se via Simeia. É claro que ela tinha levado o bebê, mas por quê? E para onde?

Olhou para todos os lados, e nem sinal da tia de Janir. Mas lá vinha o mendigo!

- Profeta! Você viu Simeia, tia de Janir, indo para a casa dela? Você está vindo daqueles lados, não está?

- Estou sim, mas não a vi!

Bani notou o desespero de Deia e quis saber o motivo.

- Simeia levou o filho de Janir. Eu não sei para onde ela foi. Ela estava muito nervosa!

Azareel quebrou todos os ídolos de Baal que estavam aqui na casa e segundo Dona Simeia, jogou todos no descampado! Ela estava cheia de ódio contra Azareel e Janir, e até acusou Janir de ser judia!

- Isso não pode estar acontecendo!

- O que você acha que está acontecendo?

- Onde estão Janir e Azareel?

- Janir saiu já faz algum tempo, e Azareel também. E eu que disse a eles que podiam ficar tranquilos que a criança estava em boas mãos! E agora o que eu vou dizer? Só espero que dona Simeia não desconte na criança a raiva que estava sentindo!

- Não, se eu puder evitar. Fique aqui. Assim que Janir ou Azareel chegar, peça para irem para o alto da colina, no lugar onde os adoradores de Baal se juntam para adorá-lo!

- Ficou louco, homem?

- Faça o que eu estou lhe dizendo! (Falou Bani com firmeza e saiu correndo.)

Deia não estava entendendo o que ele queria dizer com "ir ao alto da colina." Janir tinha é que encontrar Simeia e então encontraria seu filho!

Ficou ali, tremendo de ansiedade. Não deveria sair sem que um dos dois chegasse. Passaram-se alguns minutos, que foram os mais longos da sua vida. Finalmente avistou Janir e correndo ao seu encontro começou a despejar todos os acontecimentos sobre ela, até que Janir ouviu que Simeia havia levado seu filho!

Deu um grito de pavor.

- Para onde, Deia? (Sacudia Deia pelos ombros.) Para onde?

- Eu não sei! (Deia estava em lágrimas.) Só sei que ela estava uma fera!

- E Azareel, você o viu?

Ele veio para casa, mas também logo saiu. Janir, sua tia não está bem. Ela lhe acusou de ser 'judia!'

Quando ouviu isso, sentiu um arrepio de pavor correr-lhe pelo corpo. É lógico que sua tia sabia de toda a história. Iria para a casa do seu pai; ela com certeza estaria lá. Talvez quisesse só dar um susto em Azareel. E falando em Azareel, Janir pensou: "Que inconsequente agir do jeito que ele agiu!"

- Janir, tem mais. Quando eu saí da casa para ver se achava sua tia, o mendigo estava vindo e eu lhe perguntei se ele havia visto dona Simeia indo para a casa dela. Ele disse que não, e quando eu contei o que tinha acontecido, ele me disse que quando visse você ou Azareel, deveria dizer-lhe para ir para o alto da colina onde os adoradores de Baal se encontram para suas cerimônias. Você acha que isto tem alguma coisa a ver com sua tia? Pra mim, ele é maluco!

Janir que ainda segurava o bauzinho, deixou-o cair. Ficou em estado de choque por alguns segundos. Então voltou a si, e saiu correndo em disparada e enquanto corria gritou:

- Vá até o comércio do Binui e conte para ele o que aconteceu e peça que vá ao alto da colina, pois eu preciso da ajuda dele! E que é urgente!

Deia não pensou duas vezes. Correu para o comércio do Binui.

Quando estava se aproximando do mercado, Deia avistou Azareel vindo apressado com sua carroça. Fez gestos com os braços para que ele parasse. Binui que estava na porta do seu comércio, dando o troco para uma freguesa viu que Deia fazia gestos desesperados para que Azareel parasse. Pensou que algo tivesse acontecido com Janir. Pediu para que seu ajudante tomasse conta do comércio e foi ao encontro dos dois. Neste ponto Azareel já tinha sido informado do que acontecera. E quando Binui chegou perto deles, Azareel desceu da carroça, puxou Binui pelo braço e saiu em disparada para o alto da colina.

- Mas, e meu comércio?

- Depois você pensa no seu comércio, eu fiz uma coisa estúpida, e agora para meu desespero meu filho corre perigo!

- O que você fez que colocou seu filho em perigo? O que está acontecendo?

- Eu vou lhe contando pelo caminho, mas precisamos correr. Preciso de você!

Durante o caminho, correndo e seguido por Binui, que com dificuldade tentava manter o passo, Azareel contou o que fizera com os ídolos de Simeia. Então Binui entendeu a agonia do seu amigo.

O lugar era cheio de árvores esguias e altas, arbustos por todos os lados. Estava difícil decidir que caminho tomar.

- Tem que ter uma imagem grande! Você está vendo alguma coisa, Binui?

- Não, não estou vendo nada. Só mato!

De repente ouviram um grito de horror.

- É Janir, só pode ser ela! Oh, não! Será que aconteceu alguma coisa com nosso filho? Ou com Janir?

- Acho que o som veio daquele lado, corra! (Afirmou Binui passando à frente de Azareel, que sentia seu corpo pesado, por mais que se esforçasse para correr mais rapidamente.)

- Veja, aquele amontoado de árvores! Só

pode ser ali! (Gritou Binui.)

Quando finalmente chegaram, depararam-se com uma estátua enorme do deus Baal e um altar de onde saía muita fumaça e labaredas de fogo. Atrás da fumaça Azareel podia ver que alguém se movia. Mas não conseguia distinguir quem era. Então viu que em frente do altar havia uma clareira. E no meio da clareira sua amada Janir de joelhos, no chão, com os braços erguidos em sinal de súplica.

- Janir! (Bradou Azareel.)

- Azareel, não se aproxime! (Gritou de volta, Janir.) Tia! Eu lhe imploro! Não continue com essa cerimônia. Eu peço perdão pelo que o meu marido fez com seus deuses; eu reconheço que lhe ofendemos profundamente! Mas pobrezinho do Elão, que você ajudou a trazer a este mundo, ele não tem culpa de nada. Não pode pagar pelos nossos erros! Por favor, eu imploro, devolva nosso filho!

E foi para desespero de Azareel que ele viu

que por trás das labaredas e da fumaça, estava Simeia segurando seu filho com os braços erguidos, pronta para lançá-lo no fogo. Entendeu o porquê de Janir estar ali se humilhando para ver se faria sua tia mudar de ideia quanto à sua vingança contra ele.

Simeia tremia e andava lentamente em direção ao altar, como que em transe. Não parecia ouvir as súplicas de Janir. Nem mesmo pareceu notar a presença de Azareel e Binui.

Azareel ficou sem saber o que fazer, e como tudo aquilo estava acontecendo por causa do que fizera. Temia que se ele se aproximasse de Simeia, ela definitivamente jogaria seu filho no fogo. Então resolveu se unir à Janir e implorar pelo perdão daquela mulher insana. Correu para a clareira, e se ajoelhou juntamente com Janir e quando ia clamar por misericórdia por causa do seu pequenino... Logo atrás de Simeia, Bani, o mendigo, vindo por trás, encostou uma faca no pescoço dela.

Binui deu um grito, e rapidamente tampou a boca com as mãos.

- Isso mesmo, Simeia, se você der mais um passo, se você atirar essa criança inocente nessas labaredas, eu lhe prometo, que você vai junto! Você matou nosso único filho! Se sacrificar mais esta criança, este será o seu último sacrifício, porque eu vou mandar você para o reino do seu deus: o inferno!

A lâmina estava bem afiada, e gotas de sangue já começavam a sair do pescoço de Simeia. Sentindo o fio da faca na sua pele, parou de andar, ficou paralisada. Seu corpo todo tremia, mas Bani estava firme mantendo a faca no seu pescoço. Agarrou os cabelos de Simeia e fez com que ela retrocedesse mais e mais longe das labaredas, para uma situação mais segura para a criança, que agora chorava copiosamente por causa do calor do fogo.

Quando Janir e Azareel viram que Simeia estava rendida, correram em direção ao seu filho. Janir rapidamente tirou Elão das mãos da sua tia e saíram de perto dela.

O mendigo continuava com a faca na garganta de Simeia e ainda segurando-a pelos cabelos, levou-a até o centro da clareira, e ali ele a fez ajoelhar-se. Removeu então a faca do pescoço dela e com um pedaço da roupa dele limpou o sangue que escorria. Porém a mantinha presa pelos cabelos.

Uma cena grotesca. Azareel, Janir e Binui estavam imensamente perplexos! Bani então se ajoelhou, de frente para ela, face-a-face. Há um minuto atrás não hesitaria em matá-la, mas agora olhava para ela com carinho. Começou a chorar, chorou alto, um choro que parecia ter guardado por anos, escondido lá dentro das entranhas do seu coração, emaranhado em sua alma com aquela dor absurda. Então ele a abraçou. E beijava o rosto dela, e gritava: "Por quê? Por quê? Simeia, que até então não tinha dito uma única palavra, nem quando ameaçada de morte Olhou fixamente para Bani, e também chorou. E em meio a lágrimas disse:

- Eu só queria ser como minha mãe, uma sacerdotisa, como ela! Eu queria agradar meus deuses! Eu pensei que fazendo o mais alto dos sacrifícios, seria aceita no reino deles, com glória e honra! Eu amava nosso filho! Acredite nisto! Eu só queria agradar nossos deuses!

- Sim os seus deuses! Não o meu Deus! Sua crença só trouxe miséria para nossas vidas. Eu lhe amava, eu era feliz! Nós éramos felizes! Você destruiu tudo! Você foi longe demais!!!

Azareel, Janir e Binui mal podiam acreditar no que estavam ouvindo. Nunca poderiam imaginar que Bani e Simeia tivessem tido uma história de amor juntos. Todos por ali conheciam Arah, sabiam que Simeia era irmã por parte de pai e que ela viera para aquelas bandas declarando-se viúva. Alguns anos depois. Bani aparecera. Prestava pequenos serviços aqui e ali, até que começou a mendigar. Os moleques na rua o chamavam de 'profeta,' e assim ficou. Difícil de imaginar que grande parte da sua estória estava logo ali, tão perto e nunca ninguém desconfiou que os dois tinham tido uma vida juntos e até um filho.

CAPÍTULO 20
O AMOR DE BANI

Janir queria sair dali o mais rápido possível. Com seu filho nos braços conseguiu sair daquele lugar onde há pouco seu lindo filhinho quase fora oferecido em sacrifício a um deus pagão, uma estátua de barro, sem vida.

Sua mente estava confusa com tudo o que presenciara. Sua tia, alguém com quem ela convivera por tantos anos, fora capaz de um ato de vingança tão medonho por causa de uma devoção absurda. Tentar matar a criança que ela mesma ajudara a trazer ao mundo. E ainda por cima ter sido capaz de matar seu próprio filho.

Azareel por sua vez, estava aliviado de ver que ao seu lado tanto sua esposa quanto seu filho estavam bem. Em apenas algumas horas tantas coisas aconteceram.

Binui estava atônito com o que vira e ouvira, mas feliz que tudo terminara bem.

Os três andavam apressadamente por entre as árvores. Ninguém falava nada. Era um mundo de sentimentos, medo, pena e horror pelo que poderia ter acontecido.

Como explicar Simeia?

Quando terminaram de descer a colina, o sol se punha no horizonte.

- O Sábado começou! (Declarou Binui solenemente.)

O bebê estava agitado. Janir sentou-se em baixo de uma árvore, e começou a amamentá-lo.

- Pobrezinho! Estava com fome!

Azareel sentou-se ao seu lado e colocou seu braço sobre o ombro de Janir.

Vendo Binui aquela cena se emocionou e chorou.

- Por que chora, meu amigo? Estamos todos bem! (Declarou Azareel.)

- Eu sei, mas é que vendo vocês juntos, meu coração se encheu de alegria e ficou tão cheio de emoção que empurrou as lágrimas para fora!

- Você se alegra em ver-nos juntos, Binui?
(Janir parecia duvidar da sinceridade do Binui.)

Nem deram tempo para que Binui respondesse, porque naquele instante, ambos se lembraram do que descobriram naquela tarde. Então se entreolharam e disseram um ao outro ao mesmo tempo:

- Azareel eu descobri que sou descendente de judeus!

- Janir, eu descobri que você é descendente de judeus!

- Como você soube disso? (Falaram juntos.)

E começaram a rir. Binui ficou olhando os dois, que riam sem parar. Ele pressentira que quando Janir estava com o homem dos figos, passara muito tempo por lá. E ali estava a confirmação. Ele contou para ela a triste história da mãe dela.

- Como você soube, Azareel? (Binui perguntou.)

Azareel então contou tudo o que fizera naquela tarde, do que viu acontecer no

Templo, das palavras de Neemias e Esdras, de como estava nervoso e preocupado com sua situação com Janir, e o que sentiu quando chegou em casa e viu Simeia adorando as imagens. Depois, ter ido até o árabe para vender sua lã, e o velho árabe contar que conheceu o pai da mãe de Janir, e que ele era comerciante de lã, como ele, e era judeu!

- Mas e você Janir, como soube? (Azareel quis saber.)

Então foi a vez de Janir contar tudo o que o homem dos figos revelara para ela. De que a mãe dela era filha de judeus, que seu verdadeiro nome era Miriam, de seu pai tê-la violentado e de como a família da sua mãe virou as costas para ela no momento que mais precisou deles.

Era tudo tão forte, todas aquelas verdades despejadas assim de uma vez sobre suas vidas.

Binui escutava atentamente, até que pediu que o escutassem. As palavras ardiam dentro da sua boca. Contou também sua parte na história. Do seu amor por Miriam, da sua fraqueza em permitir que ela terminasse nas mãos do seu violador.

Azareel e Janir estavam boquiabertos. Jamais imaginaram que ele soubesse de tudo o tempo todo.

- Mas você fez de tudo para me afastar de Janir, mesmo sabendo de toda a verdade! Por quê? (Azareel queria mais explicações.)

- Eu não contei pra você o que eu sabia para evitar que me olhasse, exatamente do jeito que você está me olhando agora. E depois de todos aqueles anos ver Janir crescendo, convivendo com Arah, com as mulheres dele e depois Simeia, achei que Janir acabou por se tornar um deles! Também era um pedaço do meu passado do qual eu verdadeiramente me envergonhava. Eu queria esquecer! Imagino que você está desapontado comigo, estou vendo isso no seu rosto!

- Estou, Binui, quem não estaria? Mas isto

não significa que serei menos seu amigo do que sou!

Azareel levantou-se e abraçou Binui.

- Eu lhe perdoo! Ainda bem que todas as suas tentativas de me dissuadir a me afastar de Janir não deram em nada. Nunca me senti tão feliz de ser um cabeça-dura!

Janir que amamentava seu filhinho, ao ouvir a explicações de Binui, perguntou:

- Eu não era boa o suficiente para seu amigo?

- Não é isso, Janir. O problema era a minha pessoa, eu é que não fui um bom amigo para o amor da sua vida. E agora vejo que o mínimo que eu poderia ter feito, seria ter ajudado vocês a serem felizes. Mais uma vez, meus atos, meus julgamentos foram errôneos. Espero que um dia me perdoem!

- Eu lhe perdoo se você prometer que passará todos os Sábados em nossa casa, conosco!

Quando Azareel ouviu isso de Janir deu um grito de felicidade!

Janir então quis desafiar Azareel:

- Azareel, quando você soube que sendo casado comigo, correria o risco de que se eu não me convertesse ao Deus de Israel, teria que me mandar embora, o que pretendia fazer? Estou curiosa! Me conte, o que estava planejando?

Azareel olhando dentro dos olhos de Janir, respondeu:

- Não creio que chegaríamos ao ponto de nos separarmos, porque eu iria lhe contar a história da nossa gente, de onde viemos, tudo o que passamos. Eu iria fazer você saber dos muitos milagres que nosso Deus fez e faz para nosso povo, de como Ele nos livrou de tantos conquistadores, povos cheios de malícia e iniquidade. De como Ele moveu montanhas, abriu mares, curou nossas dores e sarou nossas feridas e nos chamou "Seu povo escolhido!" Eu lhe provaria que meu amor por você é tão profundo, forte e sincero, que você iria ver que tudo o que eu sou, e tudo o que há de bom em mim vem Dele. E confiando no seu amor por mim, tenho certeza que você também amaria meu Deus e o aceitaria como seu Deus! Assim como Rute!

Janir sorriu diante de tamanha exibição de autoconfiança. Mas ela tinha que admitir que com certeza seria difícil resistir e não ceder àquele charmoso israelita!

- Quem é Rute? (Janir quis saber.)

Binui e Azareel sorriram. Azareel então tirou cuidadosamente Elão dos braços de Janir e passou-o para os braços do Binui. E abraçando Janir docemente a beijou, deixando Binui totalmente desconsertado.

Foram para casa. Havia muitas coisas que Janir teria que aprender dali por diante, sobre si mesma e sobre um povo do qual ela era parte, e nunca o soube.

Nos dias que se seguiram, Azareel juntamente com Binui e Zacai, se apresentaram aos sacerdotes e contaram a história de Miriam e Janir e tudo ficou esclarecido.

Alguns dias depois, Azareel estava saindo de casa para ir tomar conta de suas ovelhas, quando ao longe viu uma carroça cheia de tralhas. Na frente, um homem e uma mulher. Foi então que ele reconheceu Bani e Simeia. Bani viu Azareel e fez um aceno com a mão. Azareel acenou de volta.

O amor de Bani por Simeia jamais enfraquecera, apesar de tudo o que passaram. Por isso ele a seguiu e queria estar por perto.

Fica difícil saber se ela mudou seu jeito de pensar, seu jeito de acreditar, seus valores, sua devoção aos seus deuses. Mas isto agora era entre Simeia e Bani. Pelo jeito, tanto ela quanto ele estavam dispostos a darem-se uma chance de ter uma vida diferente.

Nas semanas que se seguiram, muitos homens de Israel tiveram que se apresentar aos sacerdotes para confessar o seu erro, o de estar envolvidos com mulheres estrangeiras. Muitas mulheres foram então tristemente despedidas, juntamente com seus filhos...

F I M

SOBRE CIRO, "O GRANDE"

Ciro II, também conhecido como Ciro, "O Grande," aparece na história em 559 AC, como governante dos persas que viviam numa pequena província de Anshan, que estava sob o domínio dos Medos. Quando este Ciro se revoltou contra esse domínio, o exército que deveria proteger seu rei, Astiases, então governante dos Medos, o entregou como prisioneiro a Ciro e o exército todo rendeu-se. De maneira que ele conquistou os Medos sem fazer absolutamente nada. Nenhuma gota de sangue foi derramada.

No ano 539 AC, Ciro avançou contra a Babilônia que abriu suas portas e se entregou completamente a ele. Vemos então, que Ciro não era visto como um conquistador qualquer, mas sim como um benfeitor que era bem-vindo. Ele era um governador nato. Deu início a uma nova política no tratamento dos conquistados. Ao invés de tiranizá-los, mantendo-os cativos pela força bruta, tratava-os com consideração como se fossem seus amigos. Ele era tolerante com as religiões dos conquistados. O efeito dessa política garantia-lhe lealdade e paz no seu reino.

Essa posição política e revolucionária teve um profundo efeito na história do mundo e mais particularmente na história dos judeus.

Eis aqui uma declaração do próprio Ciro:

"Agora que pus sobre a cabeça a coroa do reino do Irã (Pérsia), da Babilônia e das nações das quatro direções (da terra), com ajuda de Ahura-Mazda, anuncio que respeitarei as tradições, costumes, e religiões das nações de meu império e que nunca deixarei nenhum de meus governantes e subordinados desprezá-los ou insultá-los enquanto eu estiver vivo.

De agora em diante, enquanto Ahura-Mazda me conceder o favor do reino, não imporei sobre nenhuma nação minha monarquia. Cada um é livre para aceitá-la e se alguém rejeitá-la, nunca recorrerei à guerra para governar.

Enquanto eu for rei do Irã, da Babilônia e das nações das quatro direções, nunca deixarei ninguém oprimir qualquer outro. Se isso ocorrer retirar-lhe-ei o poder e punirei o opressor. E enquanto for monarca, nunca permitirei que tome posse de propriedades, bens móveis e territórios de outros pela força, sem compensação.

Enquanto estiver vivo, impedirei trabalho não pago ou forçado. Hoje anuncio que todo mundo é livre para escolher uma religião. As pessoas são livres para viver em todas as regiões e seguir uma profissão oferecida de forma que nunca violem os direitos dos outros. Ninguém poderá ser penalizado pelos erros de seus pais. Eu proíbo escravidão e meus governantes e subordinados são obrigados a proibir a troca de homens e mulheres como escravos em seus domínios. Tais tradições devem ser exterminadas do mundo todo. Imploro a

Ahura-Mazda para que eu seja bem-sucedido no cumprimento de minhas obrigações para com as nações do Irã (Pérsia), da Babilônia e das presentes nas quatro direções."

Este texto foi proferido pelos aquemênidas ao povo da Babilônia em 7 de outubro de 539 AC.

A MINHA INSPIRAÇÃO

A inspiração para escrever este livro, MURALHAS PARA JERUSALÉM, veio em 1995 quando eu estava estudando a Bíblia, mais especificamente o Velho Testamento.

Quando cheguei nos livros de Esdras e Neemias fiquei muito impressionada com os relatos ali contidos. Eu já havia estudado estes livros outras vezes, porém desta vez foi diferente.

Fiquei intrigada quando li que muitos dos israelitas que haviam voltado para Jerusalém após o decreto do Rei Ciro, haviam se envolvido com mulheres estrangeiras, pertencentes a seitas pagãs. Por esta razão, uma atitude radical foi tomada por parte dos sacerdotes. O problema foi considerado grave pela comunidade judaica da época.

Minha mente então foi invadida por imagens. Era como se a história abrisse um portal diante de mim e eu podia ver aqueles acontecimentos. Tive a impressão de que alguém queria me revelar seus sentimentos.

Assim, a estória veio com força e se desenrolou dentro da minha mente, do começo ao fim. Os personagens criavam vida, e pareciam ditar os acontecimentos.

Deparei-me então com o fato de que eu não sabia muito sobre aquela época da história, do século VI, aproximadamente 550 antes de Cristo em diante. E o pior de tudo é que eu não tinha a menor ideia onde encontrar essas informações.

Eu não tinha computador, e nem imaginava em que tipo de livros eu poderia encontrar o que procurava.

Lembrei-me que havia no centro da capital de São Paulo, Brasil, onde eu havia trabalhado quando jovem: várias lojas de roupas, jeans, lingerie e outros tipos de comércio que pertenciam aos judeus - eu mesma trabalhei numa dessas lojas.

Decidi arriscar e ir até lá e quem sabe com alguma sorte encontraria alguém que se lembrasse de mim e pudesse me ajudar a obter mais informações sobre a época em que estava interessada.

Lá chegando entrei em várias lojas e com um sorriso no rosto me aproximava do gerente ou dono e perguntava: "Por acaso o senhor é judeu?"

A resposta era sempre "Não!"

Não demorou muito para eu perceber que ia ser difícil alguém admitir que era judeu. Eu tentava explicar meus motivos, mas de nada adiantava - eles me dispensavam.

Até que entrei numa loja de meias, e fiz a mesma pergunta: "O senhor é judeu?" O homem que estava atrás do balcão respondeu: "Aqui não tem nenhum judeu! Mas se está buscando judeus, vá até à Loja G. Aronson; lá todos são judeus!"

A loja mencionada ficava perto dali, então eu não hesitei em ir até lá. G. Aronson na época era uma rede varejista de eletrodomésticos muito famosa, atingindo 38 filiais, tendo sua sede em São Paulo.

Ao entrar na loja, deparei-me com um grupo

de homens de idade avançada no centro da loja, sentados em volta de uma mesa. Estavam muito bem humorados e rindo. Então dirigi-me a um dos vendedores e perguntei se havia ali algum judeu com quem eu pudesse conversar. O vendedor apontou para a mesa onde se encontravam aqueles senhores e disse: "Aqueles homens são todos judeus!"

Fiquei muito feliz, porque finalmente encontrei "um judeu." E tinha até mais que um, eram cinco, exatamente!

Aproximei-me da mesa, e sem muita cerimônia fui logo perguntando: "Os senhores são judeus?"

Um deles respondeu: "Por que quer saber?" Os demais me olharam intrigados.

De repente me dei conta da encrenca em que me havia colocado. Mas eu estava ali, e apesar de não me sentir muito segura de que estava fazendo a coisa certa, puxei uma cadeira que estava do lado e sentei-me. Comecei a falar sobre o livro que estava escrevendo: Sobre Esdras e Neemias, sobre a volta dos Judeus da Babilônia para Jerusalém, dos setenta anos de escravidão e do grande feito do Rei Ciro em prol dos judeus, deixando-os voltar e reconstruir o Templo, a cidade e as muralhas para Jerusalém.

Não sei como, mas acabei impressionando aqueles homens. Um deles ficou tão surpreso de ver meu entusiasmo pela história de seu povo e até insinuou que eu me convertesse ao judaísmo!

Mas nenhum deles sabia muito como me ajudar. Então um homem, que me pareceu ser o mais idoso de todos, sugeriu que eu fosse falar com o famoso Rabino judeu, Henry Sobel.

Quando ouvi isso, eu ri, e disse: "O Rabino Sobel? Ele nunca me receberia, nem em milhão de anos!"

O homem que fez aquela sugestão respondeu: "Mas se eu lhe indicar, ele a receberá!"

Então ele me deu um cartão de visitas. "Ligue para o Rabino e diga que eu lhe mandei, e ele vai lhe atender!"

Peguei o cartão, e li o nome: Era o Sr. Girsz Aronson, em pessoa, o fundador das lojas!

É claro que usei o nome dele para marcar a entrevista com o Rabino Sobel, que na época era uma celebridade. Constantemente estava na Televisão dando entrevistas. Qualquer coisa que envolvesse o povo judeu lá estava ele representando sua comunidade.

O Rabino Sobel é americano, fala português com um sotaque um tanto forte. Alto, de olhos bem azuis, cabelinho loiro e liso cobrindo as orelhas, um queixo bem definido, nariz afilado; um tipo físico bem diferente dos brasileiros, o que o tornava ainda mais peculiar. Ele sempre me pareceu uma pessoa bem-humorada quando dava suas entrevistas na Televisão. Isto me deu coragem para ir em frente e marcar a tal entrevista.

Eu mal acreditava que iria ter a oportunidade de vê-lo de perto, conversar com ele e o mais especial era que eu iria obter alguma informação que me ajudaria na minha aventura de escrever este livro.

Nos dias que antecederam a entrevista eu estava apreensiva, tentando decidir o que perguntar. Eram tantas as coisas que queria saber! Com certeza não iria ter tempo para todas as perguntas, então tinha que ser sábia, selecionar as mais importantes e significativas para a estória. Não obstante, eu estava otimista. Considerando o quanto ele era ocupado, eu sabia que aquela era uma chance em um milhão.

Pensava como eu, uma simples dona de casa, sem nenhuma ambição, estava naquela situação. Devo confessar que tive vontade de desistir. Mas eu estava apaixonada pela estória, queria muito que saísse tudo direito, era algo para meus descendentes, que poderiam ler e dizer: "Olha o que a minha mãe, avó, bisavó...

tatatatatataravó, escreveu!" Eu já tinha escrito três livros infantis, mas aquele, era diferente e eu estava fascinada e totalmente motivada. Não conseguia parar.

Então fui em frente. Meu querido marido e fã número "um" me acompanhou.

Quando lá chegamos, havia algumas pessoas também aguardando para serem recebidas pelo Rabino. Uma senhora em particular notou que eu estava nervosa e começou a conversar comigo e meu marido. Recebemos dela a preciosa informação de que não se estende a mão para os rabinos, como é tradição da nossa cultura. Às vezes ao sermos apresentados a alguém até damos dois beijinhos na face. É o costume. Ela então nos explicou que não seria apropriado fazer nenhuma dessas coisas.

Fiquei agradecida, pois não sabia disto e definitivamente não queria transformar aquela experiência em algo de que viria a me arrepender, ou me sentir envergonhada pelo resto da minha existência.

Aquele era um daqueles momentos especiais na vida, que acontecem aqui ou ali, e que você sabe que não vai se repetir. Finalmente chamaram meu nome. Entramos na sala. Um ambiente, muito bem decorado. Móveis escuros de mogno. Estantes de livros por todos os lados, e uma escrivaninha bem grande no centro. Havia duas poltronas em frente da mesa, que o Rabino indicou para que nos sentássemos. Vendo-o de perto, parecia um gigante comparado a mim e meu marido. Ele nos recebeu com um grande sorriso, e isso ajudava, porque os nervos estavam à flor da pele. Eu não conseguia esconder o quanto estava nervosa, com medo de não me sair bem.

As primeiras frases saíram com dificuldade. Contei sobre o livro que eu estava escrevendo e da minha dificuldade em encontrar mais informações sobre aquele período da história dos judeus. Durante toda a entrevista fomos interrompidos várias vezes. Uns homens entravam e saíam, e ele se desculpava e saía também, mas logo voltava e retomava a entrevista.

Respondeu quase todas as minhas perguntas. Algumas ele admitiu que não sabia. Então me recomendou o diretor de uma escola hebraica, alegando que ele teria melhores condições de me ajudar.

Daí, ele teve que sair de novo e desta vez demorou bastante para voltar. Fui ficando assim meio que sem graça. Eu e meu marido achamos que já tínhamos tomado muito do tempo dele, que realmente parecia muito ocupado.

Decidimos então ir embora, saímos da sala, olhamos por todos os lados, para ver se o achávamos, e não o vimos. Falamos com a secretária, agradecemos a ajuda recebida e pela oportunidade de conversar com ele, mas concluímos que estava na hora de ir e não ocupá-lo mais. Dirigimo-nos então ao elevador.

Foi então que ouvi meu nome bem alto, "Dulce, querida!" Pelo sotaque reconheci ser o Rabino Sobel, que correndo em nossa direção, veio pessoalmente se despedir. Pegou meu rosto com suas mãos, e me beijou na face dos dois lados! E para meu marido estendeu sua mão.

Fiquei enrubecida!

Ele desejou que eu tivesse sucesso com meu livro e agradeceu por termos ido falar com ele.

Fomos conversar com o diretor da escola hebraica, o qual me deu uma cópia de um livro sobre Neemias em espanhol, mas isso não me ajudou muito.

Acabei terminando minha estória. Naquele mesmo ano, eu, meu marido e nossos três filhos emigramos para os Estados Unidos da América e meu livro ficou dentro de uma malinha amarela onde guardo tudo o que tenho escrito: meus livros infantis, meus poemas, fotos antigas - doces recordações.

Ali ficou esquecido por dezoito anos. Então algo começou a despertar em mim o desejo de retomar a estória. Algo maravilhoso tinha sido dado a mim e eu não tinha feito muito a respeito. Apesar do meu entusiasmo pela estória, os labores da vida, o começo em um outro país, aprender uma nova língua, criar os filhos, enfim, tudo tomou o lugar da minha grande paixão que é escrever.

Um dia criei coragem, abri a malinha amarela e lá estavam meus manuscritos - já amarelados pelo tempo. Agora com o auxílio da internet e outros recursos, pude pesquisar e enriquecer mais a vida dos meus dois personagens, Azareel e Janir.

Minha esperança é que meus filhos, amigos e descendentes e todos os demais que lerem este livro o apreciem: algo que foi escrito com amor e grande respeito pelas escrituras. Elas me fascinam. Também são estórias, só que verdadeiras. Aprendemos com elas que essa grande jornada terrena, só pode ter uma conotação: "Esplêndida!" Mesmo com todos os desafios, provações e dificuldades - minha nossa! Que viagem!

Espero que a estória de amor entre Azareel

e Janir seja uma inspiração para todos – algo para refletir. É uma obra de ficção baseada em fatos históricos. Talvez algo semelhante tenha na verdade acontecido; alguém amou e foi amado. O amor existe desde que o mundo é mundo, mesmo no século VI antes de Cristo.

Dulce Martins

FONTES DE REFERÊNCIA:

Bíblia (Velho Testamento):
Crônicas
1º/2º Reis
Isaías
Daniel
Jeremias
Esdras
Neemias
Manual do Instituto de Religião – Velho Testamento – d'A IGREJA DE JESUS CRISTO DOS SANTOS DOS ÚLTIMOS DIAS
Wikipédia
Etc.

CONTATO/COMENTÁRIOS/PEDIDOS

dulcesbooks@yahoo.com

Lightning Source UK Ltd.
Milton Keynes UK
UKHW010716290519
343525UK00001B/14/P